Ursula Link

# Der Ausweg aus dem Tränental

## Wie ich dem Mörder meiner Tochter vergeben konnte.

KIE·MEDIA

**Copyright © 2022 / Verlagsrechte: KIE-Media, Neusitz**

1. Auflage 2022

**Bibelzitate**, soweit nicht anders angegeben:
Neues Leben. Die Bibel, © der deutschen Ausgabe 2002 und 2006
SCM R. Brockhaus in der SCM Verlagsgruppe GmbH, Witten/
Holzgerlingen
Hervorhebungen sowie Ergänzungen in Klammern wurden durch
die Autorin vorgenommen.

„Die Begebenheiten in diesem Buch sind so geschildert,
wie ich sie erlebt und in Erinnerung habe." Ursula Link

Das Zeugnis der Autorin auf YouTube:

‚Wie die Liebe von Jesus mir half, dem Mörder
meiner Tochter zu vergeben'

‚Kindermord – Grenzen der Vergebung'

**Lektorat:** Gabriele Pässler, Kirchheim an der Weinstraße
**Titelgestaltung:** Sarah Kienapfel, Berlin
**Titelfoto:** ‚Waldstille' von Selina Schneider, Winden
**Fotos im Buchblock:** privat

**Druck:** Books on Demand, Norderstedt

**KIE-Media**

Michael Kienapfel
Im Dorf 11, D-91616 Neusitz
www.kie-media.de; verlag@kie-media.de

ISBN (Print): 978-3-944768-20-5
ISBN (eBook): 978-3-944768-21-2

# INHALT

# WIDMUNG

Ich widme dieses Buch meiner geliebten Tochter Nadine. Nadine ist ein besonderer, kostbarer Mensch, ein Geschenk Gottes. Sie steht mir immer zur Seite, wir haben eine tiefe, innige Beziehung. Genau wie ich hat sie Schreckliches erlebt – in ihrer Teenager Zeit, als sie ihre geliebte Schwester verlor.

Wir beide gingen gemeinsam durch ein tiefes Tränental. Damals hatte sie vor lauter Kummer und Schmerz keine Kraft mehr zum Leben; sie wollte mich mit ihren Sorgen nicht belasten und machte viel mit sich allein aus. Doch die Wende kam – für uns beide am selben Abend, als wir Jesus in unser Leben einluden und Kinder Gottes wurden. Er hat uns getröstet und geheilt.

Nadine ist Krankenschwester geworden. Das ist für sie nicht nur ein Beruf, sondern eine Berufung. Immer wieder bekomme ich mit, wie sehr die Patienten sie lieben. Nadine ist sehr empathisch und dabei fröhlich, hat das Herz auf dem rechten Fleck, weiß guten Rat und hat immer zur rechten Zeit das richtige Wort auf den Lippen – ein Wort, das einen ermutigt oder mit dem sie alle zum Lachen bringt.

Sie geht ihren Berufsweg, mittlerweile in gehobener Position, wo sie „ihre Frau steht". In allem, was sie tut, bittet sie Jesus um Rat und Beistand, sie liebt Lobpreis und gute Predigten und vor allem die lebendige Beziehung zu Jesus Christus.

Nadine ist sportlich und tierlieb. Wie könnte es auch anders sein?!

Es ist ein großes Geschenk und eine Gnade Gottes für mich, sie als geliebte Tochter in meinem Leben zu haben.

# DANK

Mein besonderer Dank gilt

… meinen Pastoren, Martha und Dr. Palmer Appiah-Gyan,

die mich seit vielen Jahren auf meinem Glaubensweg begleiten; sie stärkten mir bei meinen vielen Reisen im Gebet den Rücken. Mit Demut, Weisheit, Integrität und ihrer tiefen Liebe zu Jesus Christus stehen sie mir immer treu zur Seite.

… Ralf und Andrea Scharly.

Andrea kam durch mein Zeugnis „Wie die Liebe von Jesus mir half, dem Mörder meiner Tochter zu vergeben" in eine lebendige und heilsame Beziehung zu Jesus Christus. Für die beiden ist es genau wie für mich eine Herzensangelegenheit, vielen Menschen von Jesus und seiner Erlösung zu erzählen. Sie sind gesegnet, um ein Segen zu sein. So ermöglichten sie es, das Buch, das ich bereits als Manuskript vorliegen hatte, jetzt auf den Weg zu bringen. Das geschah durch ein Wunder Gottes, der zu Seiner Zeit unsere Wege zusammenführte.

… Gabriele Pässler,

die mir mit gutem Rat und tatkräftig zur Seite stand und mir half, aus meinem Manuskript ein lesenswertes Buch mit viel Tiefgang zu machen. Sie ist voller Inspiration. Uns verbindet eine wunderbare Einheit in der Liebe Gottes; diese Einheit ließ etwas Außergewöhnliches zur Ehre Gottes entstehen.

Ursula und Nadine Link kennen wir seit vielen Jahren; wir sind wie eine Familie zusammengewachsen. Wir begleiten sie in ihrem geistlichen Leben im Gebet und mit Beratung und freuen uns über ihr Wachsen und Reifen.

Wir können bestätigen, dass das, was Ursula Link geschrieben hat, echt und authentisch ist, und es kann erbauen und Erlösung bringen. Jeder, der es liest, sollte dadurch innere Heilung erleben.

Dieses Buch empfehlen wir jedem – es ist eines der Bücher, die man unbedingt lesen sollte.

Pastoren Martha und
Dr. Palmer Appiah-Gyan
Internationale Christengemeinde
Freiburg

# VORWORT

## Hab keine Angst, du bist unendlich geliebt!

*Hab keine Angst, du bist unendlich geliebt!*
*Daniel, du von Gott Geliebter!*
*Daniel 10,19.11*

Das sagte der, „der aussah wie ein Mensch" zu Daniel, dem Propheten. Hinter diesen Worten stand Gott selber. Daniel lebte mit vielen Israeliten zusammen in Babel im Exil unter einem heidnischen Herrscher – und er betete zu dem Gott seiner Väter, dem Gott Abrahams, Isaaks und Jakobs.

Wenn du, lieber Leser, dieses Buch liest, spricht Gott diese Worte auch zu dir – genauso, wie er sie immer wieder zu mir sagt. Gott liebt alle Menschen gleich. Seine Liebe ist unendlich – unendlich stark, gewaltig, schön, wohltuend und tief.

Er liebt uns, ohne eine Gegenleistung zu erwarten; aber er hat den *einen* Wunsch: *dass wir ihn auch lieben.* Dass wir ihn suchen, um ihn kennenzulernen; und dass wir uns wünschen, mit ihm zusammen zu sein, Gemeinschaft mit ihm zu haben.

Gott selber hat Sehnsucht nach Gemeinschaft mit uns, und er wartet treu und geduldig darauf, dass wir uns ihm zuwenden, damit wir in unsere Bestimmung hineinkommen, also in das, was er für unser Leben geplant und vorbereitet hat.

„Hab keine Angst! Du bist unendlich geliebt" – diese Worte der Liebe sagt Gott nicht nur zu Daniel. Daniel war nicht „jemand Besonderes"; der einzige Unterschied zwischen ihm und den meisten anderen Menschen bestand darin, dass Daniel, bevor er etwas tat, immer zuerst betete, das heißt: mit Gott sprach, nach Gottes Willen fragte und seine Nähe suchte. Dadurch wuchs Daniels Gottvertrauen; es wurde so stark, dass er in der Löwengrube nicht vor Angst fast umkam, sondern wie gewohnt auf Gott vertraute.

*Der König (Darius) sagte zu ihm*
*(bevor er in die Löwengrube geworfen wurde):*
*„Dein Gott, den du so treu verehrst, möge dich retten!"*
Daniel 6,17

Daniel nahm seine Bestimmung an, wie Gott sie ihm zugedacht hatte: Wäre er von den Löwen zerrissen worden, dann wäre er in die Ewigkeit eingekehrt, um dort auf immer in Gottes herrlicher Gegenwart zu leben. Doch Gott hatte mit Daniel hier auf der Erde noch Pläne; es war noch nicht an der Zeit, ihn zu sich zu holen. Deshalb beschützte er ihn, und Daniel kam aus der Löwengrube heraus, ohne auch nur einen Kratzer zu haben – denn Engel hatten den Löwen das Maul zugehalten.

Am nächsten Tag ließ König Darius die Minister und Berater, die Daniel angeschwärzt hatten, in die Löwengrube werfen; und die Löwen waren so hungrig, dass sie sie zerrissen, noch bevor sie am Boden aufgeschlagen waren! Darius hatte erkannt: Gott war mit Daniel – und seine Berater und Minister waren üble Neider (nachzulesen in Daniel 6).

*„Hab keine Angst, du bist unendlich geliebt! Friede sei mit dir. Sei stark, ja sei stark!"* – das von Gott zu hören, tut mir so wohl. Gott sagt es zu uns allen; leider hören wir nicht immer auf seine Stimme oder wir glauben ihr nicht.

Die vielen Wunder, die Gott in meinem Leben tut, tut er nicht, weil ich, Ursula Link, jemand Besonderes wäre.

Nein: Er möchte das für jeden von uns tun. Leider erkennen wir es aber oft nicht und sagen dann: „Ich habe Glück gehabt." Dazu sage ich dir ein Nein: Es ist nicht „Glück", sondern Gott tut es für dich. Wunder sind eine der „Sprachen", in denen Gott zu uns Menschen redet, wir hören meist nur nicht richtig zu.

Lieber Leser, ich bete zu Gott, dass meine Zeugnisse und meine Erlebnisse, über die ich in diesem Buch berichte, dich ermutigen mögen und dich wachrütteln, damit du erkennst, was Gott auch in *deinem* Leben tut. Fokussiere dich nicht auf Negatives; das will dich nur ablenken, von Gott weglenken (und meistens gelingt das auch). Ich bete, dass deine Herzensaugen für das übernatürliche Wirken Gottes in deinem Leben geöffnet werden; das ist mein Herzenswunsch. Es ist eine solche Freude, in neue Dimensionen einzutauchen und das lebendige Wasser zu trinken, das Jesus uns anbietet – eine ganz neue Lebensqualität. Dieses Lebenswasser ist nicht nur für Daniel da oder für mich, sondern ganz besonders auch für *dich*! Glaube nur. Vertraue Gott und halte dich an seine Gebote – zum Beispiel an das erste, höchste und wichtigste Gebot:

*Jesus antwortete: „Das wichtigste Gebot ist dies:*
*Höre, o Israel (hier kannst du deinen Namen einsetzen)!*
*Der Herr, unser Gott, ist der einzige Herr.*
*Und du sollst den Herrn, deinen Gott,*
*von ganzem Herzen, von ganzer Seele,*
*mit all deinen Gedanken und all deiner Kraft lieben."*
*Das zweite ist ebenso wichtig:*
*„Liebe deinen Nächsten wie dich selbst".*
*Kein anderes Gebot ist wichtiger als diese beiden.*
*Markus 12,29–31*

Ich bete, dass du ergriffen wirst von Gottes unendlicher Liebe zu dir, dass du darin schwimmst, dich treiben lässt – und dass dein Gottvertrauen groß und stark wird. Am Schluss des Buches Daniel steht noch:

*Aber jeder einzelne Angehörige deines Volkes,*
*dessen Name im Buch (des Lebens) geschrieben steht,*
*wird zu jener Zeit gerettet werden.*
*Daniel 12,1*

Lieber Leser, liebe Leserin: Steht auch *dein* Name in diesem Buch des Lebens? Werden wir uns in der Ewigkeit wiedersehen? Ich wünsche es mir sehr!

Dieses Buch, das du jetzt in der Hand hältst, erklärt dir, wie du den Weg in die Ewigkeit finden kannst, um dann für immer mit Gott vereint zu sein. Ich kann nur sagen: Jesus als Herrn und Retter in mein Leben einzuladen, das war die allerbeste Entscheidung meines Lebens! Sie hat Bestand für alle Ewigkeit. Sie gilt!

# So einen Gott
# brauche ich nicht!

Meine Großeltern erzählten mir von früher Kindheit an viel von Jesus: wie er war, was er tat, wie ich zu ihm beten und mit ihm sprechen konnte. Sie haben mich auch oft in die evangelische Kirche mitgenommen – das fand ich allerdings eher langweilig! Mit dem, was der Pfarrer sagte, konnte ich nichts anfangen; ich musste stillsitzen, bis der Gottesdienst vorbei war. Also die Jesusgeschichten waren viel besser als die Kirche, und die Geschichten aus meiner Kinderbibel liebte ich …

Ich war kein glückliches Kind, jedenfalls kam es mir meistens so vor. Mit meiner Mutter verstand ich mich gar nicht, sie lehnte mich ab und ließ es mich spüren. In der Pubertät bekam sie die Quittung: Ich wurde rebellisch, und sie hatte es nicht leicht mit mir; wir hatten viele Auseinandersetzungen und ich fühlte mich äußerst unverstanden. Zu meinem Vater hatte ich ein sehr gutes Verhältnis, aber er war als junger Mann lange in Russland in Gefangenschaft gewesen und deshalb chronisch schwerkrank; er starb schon, als ich erst Anfang zwanzig war.

Auch ich selber war, solange ich zurückdenken kann, immer krank und ausgesprochen unglücklich. Als dann auch noch meine geliebten Großeltern starben, die sich treu und gut um mich gekümmert hatten, die immer für mich da gewesen waren und mich im Leben und im Glauben gestärkt hatten – nach dem Tod meiner Großeltern also, ich war inzwischen Teenager, sagte ich zu Gott: „An einen Gott, der so viel Schlechtes in meinem Leben zulässt, an den will ich nicht mehr glauben, mit dem will ich nichts mehr zu tun haben. Ich will mein Leben so leben, wie ich es will, und wie es mir gefällt."

Das tat ich denn auch, viele Jahre lang.

## Geschieden

Ich habe viel Schönes erlebt, aber auch viele Schwierigkeiten, viele Sorgen, Nöte und Probleme. Ein ganz großes Problem war 1992 die Scheidung von meinem Mann: nach zehn Jahren Ehe stand ich mit zwei kleinen Mädchen allein da. Steffi, meine ältere Tochter, war damals acht Jahre alt und Nadine sechs, sie kam gerade in die Schule. Vor dreißig Jahren war es gar nicht einfach, als alleinerziehende Mutter eine Wohnung zu finden. Wir zogen damals von Schallstadt nach Bad Krozingen.

Ich musste für den Lebensunterhalt sorgen und alle Sorgen, Nöte und Probleme allein lösen. Mein Mann zahlte so gut wie keinen Unterhalt und ich hatte am Ort auch keine Verwandten, die mir bei der Betreuung der Kinder hätten helfen können.

Besonders abends war es schwer: Die Kinder waren im Bett und es war keiner da, mit dem ich über alles hätte reden können. Aber die Liebe, die ich für meine Kinder hatte, hat mir immer wieder Mut gemacht und Kraft gegeben, weiterzumachen – und besonders die Liebe, die meine Kinder mir entgegenbrachten, half mir, dranzubleiben, weiterzumachen, nicht aufzugeben.

Wieder heiraten oder einen neuen Partner zu suchen, kam für mich nicht in Frage; ich beschloss, nur für meine Kinder da zu sein. Ich sah die Probleme in anderen Familien – und die Ängste meiner Kinder, die befürchteten: „Wenn du wieder einen Mann hast, dann haben wir ja niemanden mehr auf der Welt!" Nein, ich wollte keinen Partner mehr, wollte nur für meine Kinder da sein.

# Steffi

Auf Grund unserer Lebensumstände hatten die Mädchen ein ganz besonderes Verhältnis zueinander, sehr eng und sehr liebevoll. Steffi kümmerte sich rührend um ihre kleine Schwester, Nadine genoss diese Zuneigung und vertraute ihrer großen Schwester immer; manchmal nutzte sie Steffis Gutmütigkeit ordentlich aus, zum Beispiel ließ sie sich von ihr gerne die Hausaufgaben diktieren, wenn ich nicht aufpasste.

Da wir nach der Scheidung unseren kleinen Bauernhof mit Pferdehaltung verkaufen mussten, wollte ich es den Kindern und mir ermöglichen, unsere Ponys und ein paar andere Tiere zu behalten. Deshalb pachtete ich in Schallstadt einen kleinen Stall für unsere Ponys, Ziegen und Gänse, wir hatten auch einen Esel und ein Maultier, dazu Hunde und Katzen. Es war ein Offenstall mit angrenzender Weide, das heißt, die Pferde konnten nach Belieben drinnen oder draußen sein. Die ganze Arbeit erledigte ich selber, sorgte für die komplette Betreuung der Tiere. Das war günstiger, als sie in Obhut zu geben.

Ein paar Jahre wohnten wir in Bad Krozingen und fuhren täglich mit dem Auto zum Stall, bis wir wieder nach Schallstadt ziehen konnten. Von der Wohnung in Schallstadt aus konnte man den Stall bequem zu Fuß erreichen.

Jede freie Minute verbrachten wir mit den Tieren in der Natur. Bei jedem Wetter! Das tat gut. Bei schönem Wetter nahmen wir uns Verpflegung mit und waren den ganzen Tag dort oder wir ritten aus; gemeinsam mit den Freundinnen der Kinder – ebenfalls Ponyhalter und Reiter – nahmen wir an Wanderritten teil, oder nahmen Picknick mit für unterwegs und hatten immer viel Spaß.

Besonders Steffi half mir schon in jungem Alter bei der Arbeit mit den Tieren – misten, füttern, Futter besorgen: Steffi war immer dabei und packte mit an. Auch wenn Kinder zum Reiten kamen, konnte ich auf meine Steffi zählen. Mit dem Ponyreiten verdienten wir das Futtergeld für unsere Tiere.

Das ist jetzt Jahrzehnte her, und ich bin so froh, dass wir die Tiere hatten und mit ihnen so glückliche Stunden zusammen verbringen konnten. Im Stall gab es immer etwas zu tun und die Kinder waren einfach dabei, so habe ich nicht nur beim Essen und Uno-Spielen Zeit mit ihnen verbracht. Ich brauche mir nicht vorzuwerfen, ich hätte meine Kinder vernachlässigt; das ist mir ein großer Schatz. Ich weiß, dass andere Eltern, wenn die Kinder erwachsen sind, es für den Rest ihres Lebens bedauern, dass sie sich nicht mehr um die Kinder gekümmert haben, nicht mehr Zeit mit ihnen verbracht haben, als diese klein waren.

Meine Kinder sagten mir oft, wie lieb sie mich hätten, und dass ich „die beste Mutter der Welt" sei. Sie wussten, wie wichtig mir unsere kleine Familie war und dass ich nach meinen Möglichkeiten alles für sie tat. Steffi hatte oft Ideen, wie sie mir eine Freude machen könnte – manchmal verkaufte sie auf der Straße einige Spielsachen, um mit dem Geld ein paar Blumen oder andere Kleinigkeiten für mich zu kaufen. Sie schaffte es immer, mich aufzuheitern, wenn es mir wieder einmal schwer ums Herz war.

Den Kindern zuliebe arbeitete ich nur halbtags, deshalb war das Geld immer knapp, trotz des Putzjobs am Abend. Als Steffi 15 Jahre alt wurde, hörte meine Kollegin auf und Steffi beschloss, mit mir putzen zu gehen, um auch etwas Geld zu verdienen – ich putzte damals in einer Firma, jeden Abend zwei Stunden, fünf Tage in der Woche –, und Steffi bekam die freiwerdende Stelle. Sie arbeitete gut und gründlich und sehr pflichtbewusst; das Entgelt betrug 620 DM im Monat. Aus eigenem Antrieb sagte sie mir: „Für das, was ich machen will, reichen mir 120 Mark. Den Rest gebe ich dir, weil mein Vater sich nicht um uns kümmert." So war Steffi.

Oft, wenn ich mittags von der Arbeit kam, fand ich eine schöne Postkarte, meistens mit Pferdemotiv – die hatte sie mir hingelegt, bevor sie zur Schule gegangen war –, oder es steckte eine kleine Aufmerksamkeit in meinen Sachen. Am schönsten waren ihre liebevollen Worte; die haben mich ermutigt und erheitert und mir viel Kraft gegeben. Sie schrieb, wie sehr sie mich liebt, ich sei die beste Mama, und viele andere schöne Dinge. Das tat mir wirklich sehr, sehr gut! Ständig überlegte sie mit Nadine, womit sie mich überraschen könnten, und damit haben sie mir viel Freude gemacht, denn manchmal drohten die Alltagslasten mich zu erdrücken.

Als Steffi 14 wurde, meldete ich sie, wie das damals üblich war, zum Konfirmandenunterricht an. Dazu gehörte auch, dass die Kinder sonntags den Gottesdienst besuchten, und der Pfarrer bat uns Eltern, sie zu begleiten – falls die Kinder Fragen hätten zur Predigt … Der Sonntag war der einzige Tag in der Woche, an dem ich mal etwas länger schlafen konnte; die ganze Woche hatte ich so viel zu tun und am Sonntag wollte ich meine Ruhe haben. Aber Steffi zuliebe ging ich doch mit zur Kirche und schon bald bemerkte ich, dass es mir guttat, dort zu sein: Ich spürte, dass die Alltagslasten von mir abfielen, dass ich mich wieder gerade hinsetzen und tief durchatmen konnte, dass eine Kraft kam, die mir half, meinen Alltag besser zu bewältigen.

Das fand ich erstaunlich. Mehr noch: Auch während der Woche ging es mir besser. Ich empfand es bald als sehr wohltuend, regelmäßig in die Kirche zu gehen; die Kraft hielt etwa die Woche über an, und dann war ja wieder Sonntag und im nächsten Gottesdienst kam wieder neue Kraft. Ich merkte, dass Gott etwas für mich tat, dass er mir half; und ich glaubte wieder an ihn. So ging ich auch nach Steffis Konfirmation weiter zur Kirche – meistens allein, die Mädchen unternahmen lieber etwas für sich, aber mir war es wichtig geworden.

Steffi wurde schon sehr früh recht selbstständig. Sie war ein lebensfroher und kontaktfreudiger Mensch, sie hatte viele Freundinnen und Freunde, war gesellig und gesprächig, und sie unternahm immer gerne irgendetwas. Neben Schule, Putzen und Stall war sie viel unterwegs, und sie hatte alles gut im Griff. Sie wurde flügge.

Damals gab es die ersten Handys; ich besorgte eins für uns – damit, wenn wir mit den Pferden unterwegs waren, wir immer eins dabeihatten; oder, wenn Steffi weg war, dass sie mich jederzeit damit erreichen konnte. Es war mir sehr wichtig, sie jederzeit abholen zu können, wenn kein Bus fuhr. Steffi ging gerne auf Partys, mehr, als mir lieb war; aber ich wusste: Das gehört zum Erwachsenwerden dazu, ich muss sie gehen lassen.

# Hausarrest

So kam die große Millenniumsnacht, die Neujahrsnacht 2000. Große Aufregung auf der ganzen Welt, wie das werden würde – ein großer Einschnitt: Würden trotz des beginnenden neuen Jahrtausends im neuen Jahr die Computer noch funktionieren, die Atomkraftwerke, die Stromversorgung? Aber auch frohe Erwartung und große Partys überall auf der Welt. Auch in Freiburg und in Schallstadt, wo wir inzwischen wieder wohnten. Natürlich wollte Steffi mitfeiern.

Doch bereits zwei Tage vorher waren merkwürdige Dinge geschehen:

Seit ein paar Tagen war ich krank – vom vielen Stress war ich gesundheitlich sehr angeschlagen, es ging mir gar nicht gut; eigentlich wollte ich nur im Bett bleiben, aber das ging ja nicht, die Tiere … Am Tag vor Silvester bot Steffi mir an, die Stallarbeit zu übernehmen, dann könnte ich mich ausruhen. Dafür war ich ihr sehr dankbar und blieb im Bett, Steffi ging zum Stall. Danach wollte sie sich mit Freundinnen treffen, abends würde ich die Tiere füttern. Ich wusste: Auf meine Steffi ist Verlass, sie arbeitet gewissenhaft und macht alles bestens.

Aber am Abend traf mich fast der Schlag: Steffi hatte zwar gemistet, aber nicht eingestreut, und sie hatte auch nicht ordentlich saubergemacht, überall war Dreck. Mir war es immer sehr wichtig, dass auch unsere Tiere bestens versorgt waren, und so etwas konnte ich gar nicht leiden! Ich war stinksauer!

Da kam Steffi, freudestrahlend.

Was war los? Ja, eine Freundin war zum Stall gekommen, um sie abzuholen, sie wollte mit ihr etwas unternehmen, und Steffi hatte alles stehen und liegen lassen und war mitgegangen, hatte mir aber gesagt, sie hätte alles erledigt. Ich war krank, es ging mir schlecht, und ich war sauer, dass sie mich angelogen hatte. Jetzt stellte ich sie zur Rede – und für die Lüge verpasste ich ihr eine Ohrfeige. Mit zwei Mädchen im Teenageralter war es nicht immer leicht, und jetzt war mir der Geduldsfaden gerissen. Ich war so sauer, dass ich ihr zudem Hausarrest gab, und sagte, die Silvesterparty könne sie sich abschminken. Dicke Luft im Hause Link!

Steffi gab zurück, Nadine könne mir ruhig auch mal helfen. Nadine war schon immer sehr zart und klein gewesen und dazu hatte sie eine schwere Rückenerkrankung gehabt, deshalb hatten wir sie meistens von der schweren Stallarbeit ausgenommen. Steffi hingegen war groß und kräftig, sie machte es gern und von sich aus. Sie liebte es genauso wie ich, es den Tieren schön zu machen, sie sauberzuhalten und immer gut zu füttern – Nadine ging derweil lieber mit ihrer Freundin reiten. Ja, Steffi hatte recht: Nadine könnte auch mal was tun …

# Kein Geld wegen Millennium

Am nächsten Tag, Silvester, mussten wir Heu besorgen. Zu dritt fuhren wir zum Bauern; zum Futterholen und für Unternehmungen hatte ich einmal einen alten Kleinlaster gekauft, damit wir auch drei Ponys transportieren konnten – und er diente als Vorratskammer für das Heu. Auf dem Rückweg ging der Laster kaputt, nur zweihundert Meter vom Stall entfernt. Zum Glück ging es das letzte Stück bergab, also ließ ich ihn den Weg hinunterrollen und kurz vor dem Stall kam der Laster zum Stehen.

Das konnte ich nun gar nicht gebrauchen! Ich bekam wieder Stress. Es war Monatsende und das Geld war sehr knapp; es reichte gerade noch, um uns nach der ganzen Arbeit auf dem Markt ein paar gegrillte Würstchen zu kaufen als Mittagessen. Wegen der Feiertage war ich nicht sicher, ob mein Gehalt schon auf dem Konto war, und ich musste ja auch noch einkaufen, aber ich hatte sozusagen keinen Pfennig mehr in der Tasche.

So begab ich mich zur Bank – wenn ich nur 20 Mark bekäme, das müsste reichen. Wie gewünscht, gab der Automat die 20 Mark heraus, und erst jetzt kam ich auf die Idee, den Kontostand zu prüfen: Tatsächlich, das Gehalt war schon angekommen. Puh, ich war erleichtert! Jetzt konnte ich doch noch etwas abheben, dann sind wir nicht so knapp ... Fehlanzeige: Statt des Geldes kam eine Nachricht, wegen der Millenniums-Umstellung sei ab sofort keine Geldauszahlung mehr möglich. Ich ärgerte mich gewaltig, dass ich nicht gleich mehr Geld abgehoben hatte, aber da war nichts mehr zu machen. Also musste ich wieder ganz genau rechnen und überlegen, was wir noch brauchten für heute und für Neujahr, und dann kam ja noch der Sonntag. Alles zusammen: großer Stress!

# „Bitte, Mami ...“ – Die Versöhnung

Am Nachmittag, als die Geschäfte geschlossen hatten und wir uns langsam auf die Feiertage einstimmten, dachte ich: Jetzt kehrt hoffentlich Ruhe ein. Da begann Steffi mich zu bearbeiten: Es gebe doch nur eine Millenniumsnacht und sie wolle so gerne mit ihren Freundinnen nach Ebringen zur Party, „bitte Mami, erlaube es mir doch". Zunächst blieb ich standhaft, aber sie bettelte weiter: „Ach, nur bis kurz nach zwölf, dann komme ich auch gleich nach Hause" – so lange, bis ich endlich nachgab. Immerhin hatte sie mir an diesem Tag sehr geholfen und versucht, alles wiedergutzumachen. Sie sagte, es tue ihr sehr leid, und ich wurde weich. Wir nahmen uns in die Arme, Steffi küsste mich und bat mich, ihr doch bitte zu verzeihen … Ja, klar, ich verzieh ihr. „Ich liebe dich doch, Mama." – „Ich liebe dich auch."

Nadine wollte nicht weg, sie wollte lieber bei mir bleiben; Steffi erlaubte ich, nach Ebringen zur Feier zu gehen: „Aber nur bis um eins, dann hole ich dich ab." Ja, okay, sie wollte mich anrufen und Bescheid sagen, wo ich sie abholen könnte, oder sie würde mit dem Bus fahren. Alles klar.

Wir hatten uns versöhnt, ich hatte nachgegeben, Steffi war glücklich. Ich war ja schon so einiges gewohnt von meinen beiden Teenager-Töchtern, und manchmal wollte ich einfach nur etwas Ruhe haben. Steffi machte sich zurecht, zog sich hübsch an und verließ das Haus – nicht ohne mir noch einmal zu sagen, wie lieb sie mich habe und wie dankbar sie sei, dass sie gehen dürfe.

# Ein ruhiger Abend

Nadine und ich verbrachten einen ruhigen Abend, und als es auf Mitternacht zuging, schlief Nadine bereits. Ich fuhr mit dem Auto zum Stall, um während der Knallerei bei den Pferden zu sein, damit keines in Panik geriet. Es war eine schöne Nacht – kalt, aber trocken –, ich genoss das Feuerwerk und die Tiere blieben ruhig. Jetzt ging es auf ein Uhr zu, und ich dachte: Wenn Steffi sich meldet, kann ich gleich von hier aus nach Ebringen fahren und sie abholen. Aber Steffi meldete sich nicht.

Naja, dachte ich, sie nimmt es mit der Pünktlichkeit mal wieder nicht so genau, und vielleicht kommt sie ja auch mit dem Bus. Ich hätte ihr gerne Geld fürs Taxi gegeben – mir war es immer lieber, wenn sie für alle Fälle genügend Geld dabeihatte –, aber das war diesmal ja nicht möglich gewesen. Mir war nicht wohl bei dem Gedanken. Aber, so beruhigte ich mich, sie kann sich ja jederzeit bei mir melden, dann hole ich sie ab. Also fuhr ich nach Hause und ging zu Bett. Es war ein sehr langer Tag gewesen, ich war müde und dachte: Sie kommt schon heim, wie üblich, etwas später als verabredet, aber ich lasse sie machen.

## Der Neujahrstag

Am Neujahrsmorgen stand ich auf und Steffi war noch nicht zu Hause. Das war nicht das erste Mal gewesen, dass sie spontan bei einer ihrer Freundinnen übernachtete; es ärgerte mich zwar, dass sie nach all dem nicht Wort gehalten hatte, aber nicht sehr. Ich rief sie auf dem Handy an. Steffi nahm nicht ab, sie rief auch nicht zurück. Das war ungewöhnlich – aber ich dachte: Vielleicht schläft sie noch.

Nach dem Frühstück versorgten Nadine und ich die Tiere, und dann beschloss ich, die Freundinnen anzurufen, mit denen Steffi unterwegs war. Die Mädchen waren alle zu Hause, über Steffi konnten sie mir nichts sagen. So stiegen Nadine und ich ins Auto und suchten sie bei der Oma und bei anderen Freundinnen, bei denen sie auch schon übernachtet hatte, aber niemand wusste etwas von ihr.

Immer noch ließ ich mich nicht aus der Ruhe bringen: „Irgendwoher wird sie schon wieder auftauchen, ich bin gespannt, was sie diesmal für Ausreden hat oder was sie mal wieder erlebt hat", redete ich mir ein und dachte nicht im Entferntesten, dass etwas Schlimmes passiert sein könnte. Natürlich war ich enttäuscht, dass sie sich nach der Auseinandersetzung und Versöhnung nicht an unsere Absprache gehalten hatte – aber was sollte ich tun? Ich war überzeugt: Sie wird schon wieder auftauchen.

Doch die Situation war irgendwie ungewöhnlich.

Am Abend dachte ich: Jetzt sollte ich doch die Polizei einschalten – denn es war irgendwie anders als sonst.

So fuhren Nadine und ich zur Wache und meldeten Steffi als vermisst.

# Der Schock

Am nächsten Morgen, es war Sonntag, der 2. Januar 2000, hatten wir immer noch kein Lebenszeichen von Steffi; ich war beunruhigt. Nadine und ich gingen mit den Hunden zum Stall. Wenn es mir nicht gut ging, half mir die Arbeit immer besonders gut – ich hatte Ablenkung, konnte mich auspowern, und wenn bei den Pferden alles sauber war und sie zu fressen hatten, ging es mir wieder viel besser. So machte ich es auch an jenem Sonntag, mit Nadines Hilfe.

Gegen Mittag kam ein Auto den Weg zum Stall hinunter und hielt an. Zwei Männer stiegen aus – ob ich Ursula Link sei, sie seien von der Polizei. „Ja, die bin ich." Ob ich bitte mitkommen würde. Und Nadine? Ich wollte sie nicht allein zurücklassen; aber für Nadine war es okay, sie würde mit den Hunden nach Hause laufen, ich könne ruhig mitfahren. Nun gut. Die beiden Polizisten fuhren mit mir nach Hause.

Dort bat der eine Polizist mich, ich möge mich setzen, es gehe um Steffi. Ich dachte immer noch nicht an etwas Schlimmes und sagte: „Na, so schlimm kann es doch nicht sein – falls sie was angestellt hat, sagen Sie mir doch einfach, was los ist." Doch er bestand darauf, also setzte ich mich hin. Jetzt endlich konnte er seinen schweren Auftrag ausführen: Er müsse mir mitteilen, dass Steffi ermordet worden sei. Meine Tochter sei nicht mehr am Leben.

In diesem Moment änderte sich mein Leben auf dramatische Weise. Ein Schmerzensschrei kam aus meinem

Innersten, es war, als würde ich selber sterben, es war so ein Schock, das zu hören, ein Trauma, das Furchtbarste, was man sich denken kann, so eine Nachricht zu erhalten! Von einer Sekunde zur nächsten fühlte ich mich wie in einem Tunnel, um mich herum alles wie Nebel oder Watte, da war nichts mehr real.

Dann kam Nadine nach Hause. Sie sah mich an und ihr war sofort klar, dass etwas Furchtbares passiert sein musste. Ich sagte zu ihr: „Steffi ist tot, sie lebt nicht mehr, sie kommt nie mehr heim." Damit brach auch für Nadine die Welt zusammen. Wir nahmen uns in die Arme und weinten.

## Polizei im Haus

Die Wohnung füllte sich mit Polizeibeamten, es kamen immer mehr. Sie stellten Fragen, aber auf sehr diskrete Art; sie waren alle wirklich sehr rücksichtsvoll. Es kam auch ein ehrenamtlicher Seelsorger; unserem Schmerz begegnete er eigentlich nur schweigend, aber irgendwie tat es gut, dass er da war. Mir wurde kalt, todeskalt, ich bekam Bauchschmerzen und machte mir eine Wärmflasche.

Den Beamten und ihren Fragen war anzumerken, dass sie dringend Informationen brauchten, denn da draußen lief ein brutaler Mörder frei herum. Steffis Freund kam; die Beamten vernahmen ihn im Bad, denn in unserer offenen Wohnung war es sonst nicht möglich, ohne Zuhörer miteinander zu reden. Sie fragten mich nach der

Adresse von Steffis Vater – auf einmal war jeder verdächtig, der irgendwie mit ihr zu tun gehabt hatte.

Dann baten sie Nadine und mich, auf das Polizeirevier mitzukommen und dort eine Aussage zu machen. Eigentlich fühlte ich mich dazu nicht in der Lage. In meinem Kopf kreisten die Gedanken: Was ist ihr passiert? Musste sie leiden? War sie gleich tot oder gab es einen Todes-Kampf? Wo ist sie jetzt? Es ist Winter, draußen ist es kalt und Steffi ist nicht zu Hause!! Ich fühlte mich zum Sterben elend. Nadine ging es wahrscheinlich genauso, sie war einfach nur still. Jede von uns war durchdrungen von einem unbeschreiblichem Schmerz.

Wir gingen also mit zur Polizei und sagten alles, was wir wussten, wir unterschrieben ein Protokoll und wurden wieder nach Hause gefahren. Die beiden Beamten, die mir die Schreckensbotschaft überbracht hatten, begleiteten uns, sie waren sehr liebevoll und bemühten sich sehr um uns. Abends kam ein Arzt, versah uns mit Beruhigungsmitteln und fragte, ob wir eine Spritze haben wollten, um schlafen zu können. Nadine wollte nicht; ich ließ mir eine Spritze geben, konnte aber trotzdem nicht schlafen. Immer musste ich an Steffi denken, es war grauenvoll.

# Der dritte Tag

Am nächsten Tag, es war ein Montag, bat man uns, auf das Revier der Kriminalpolizei zu kommen. Am Eingang stand ein Fernsehteam mit Kameras. Nein, nur das nicht! „Nadine, lass uns bitte warten, so gehen wir da nicht 'rein." Zwei Beamte kamen heraus und gingen an unserem Auto vorbei, dabei schauten sie zu uns hinein und fragten Nadine, ob sie Steffis Schwester sei, sie sehe ihr so ähnlich, sie würden ihren Fall bearbeiten – und dann führten sie uns durch einen Nebeneingang ins Gebäude und brachten uns zu dem netten Beamten vom Vortag.

Der fragte, wie es uns gehe, ob wir etwas gegessen hätten, und bot uns einen Schokoriegel an. Ich fühlte mich bei ihm gut aufgehoben; er hatte eine warme, diskrete, sehr mitfühlende und fürsorgliche Art, er stellte Fragen und achtete dabei immer darauf, dass es uns nicht zu viel wurde. Es gehe eben darum, den Täter zu finden, und zwar so bald wie möglich.

Wir spürten, dass etwas ganz Furchtbares passiert sein musste, aber man sagte uns keine Einzelheiten. Wir fühlten uns wie in einer unwirklichen Welt, waren in einem tiefen Schock, nahmen alles nur wie durch einen Nebel wahr. Die Welt war so unrealistisch geworden. So fremd, so grausam. Ich dachte immerzu: Wie kann nur ein Mensch einem anderen Menschen etwas so Furchtbares antun? Und weiß der eigentlich, was er damit auch Nadine angetan hat und mir und den Omas und der ganzen Familie??

Nach und nach benachrichtigten wir oder die Polizei die Verwandten und Freunde. Alle waren zutiefst schockiert und konnten sich gar nicht vorstellen, dass das wirklich passiert war. Viele besuchten uns zu Hause, waren sprachlos über das Geschehene, nahmen uns in die Arme, weinten mit uns und boten uns Hilfe an.

Und immer wieder kamen Kripobeamte, durchsuchten Steffis Zimmer, legten eine Fangschaltung am Telefon, falls sich der Täter oder ein Trittbrettfahrer melden würde; sie hielten die Presse von uns fern und blieben bis abends bei uns, ließen uns nicht allein. Alle waren sehr fürsorglich, ruhig, freundlich.

## Der Sarg und der Weiße Ring

Dann kam der Gang zum Bestatter. Steffis Vater kam, genauso im Schock wie wir alle, und begleitete mich. Wir besprachen alles, suchten einen Sarg aus und dann sagte der Bestatter: „Als ich dahin gerufen wurde, an den Fundort – also, das war so furchtbar und grausam, dass ich mich zu Hause erst mal hinlegen musste"; da stieß seine Frau ihn an und sagte: „Sei still." In meinem Nebelzustand bemerkte ich das und ich fragte mich: Was ist wirklich passiert??

Jemand vom Blumenhaus kam, um mit mir den Sargschmuck zu besprechen. Es fühlte sich alles so unwirklich an. Die Wohnung war tagsüber immer voller Menschen: Kripo, Freunde, Nachbarn, der Rektor von Steffis Schule kam mit dem Elternvertreter. Keiner wusste mit solch einer Situation umzugehen – was sollte man sagen?

Ohne dass ich darum gebeten hatte, kam Hilfe vom

Weißen Ring – ein sehr netter, angenehmer Herr; Peter Falk war von da an unsere rechte Hand und unser Beistand. Stets stand er uns zur Seite, beriet uns bei Entscheidungen, bei der Polizei, in finanziellen Angelegenheiten.

Der Weiße Ring übernahm die kompletten Beerdigungskosten, bezahlte die Grabstelle und alles, was man außerdem braucht. Für mich war das eine große Erleichterung; da wir immer nur von der Hand in den Mund lebten, hätte ich gar nicht gewusst, wie ich das hätte bezahlen sollen. Bis heute bin ich diesem Verein und seinen Spendern und Mitarbeitern sehr, sehr dankbar – damit hat der Weiße Ring mir eine große Last abgenommen!

Peter und seine Frau Ulrike wurden mir zu einem starken Beistand in jeder Lebenslage. Zum Beispiel trafen wir uns öfter „einfach nur so", wir gingen zum Essen aus oder nahmen gemeinsam an Veranstaltungen teil – Nadines Abschlussball, ihre Schulabschlussfeier. Peter übernahm eine wichtige Aufgabe anstelle von Nadines Vater. Die Hilfe und Begleitung dieses Ehepaars war für uns eine wahre Wohltat.

# Die Beerdigung

Dann kam die Beerdigung. Wie sollten wir die nur überstehen?! Ich war vollgepumpt mit Beruhigungsmitteln, Nadine lehnte die ab. Sie war immer still, sagte fast nichts, spürte den Schmerz auf ihre eigene Weise und wollte mich damit nicht auch noch belasten. Das war für mich nicht immer einfach; es wäre mir lieber gewesen, wenn sie alles hinausgeschrien hätte. Doch sie litt still.

Ich war beschäftigt mit so vielem, wovon ich dachte: Eigentlich will ich das gar nicht und eigentlich schaffe ich es auch nicht; aber viele liebe Menschen unterstützten mich, wo sie nur konnten, und so schaffte ich es doch.

Kripobeamte fuhren Nadine und mich zum Friedhof. Sie informierten uns, dass viele Beamte in Zivil dort seien, zu unserem Schutz – denn es wäre möglich, dass Störer kämen, geistig kranke Menschen, die auf solch eine Situation auf ihre eigene Weise reagieren. Und es wäre möglich, dass sogar der Täter kommen könnte … Sollte ich einen Unbekannten entdecken, solle ich ihnen ein Zeichen geben.

Ich war immer in diesem Nebelzustand, nicht wie in der Realität. Dazu die Beruhigungsmittel. Es fühlte sich alles so unwirklich an. Ich hatte Angst, fragte mich, was mich erwartete.

Die Kirche war voll. Es waren sehr, sehr viele Menschen gekommen. Wie im Traum wurden wir nach vorne begleitet. Da stand der Sarg, und ich dachte: Da liegt Steffi drin. Meine Steffi! Das ist das letzte Mal, dass ich in ihrer Nähe bin. Das ist das Ende.

Wir hatten sie nicht mehr sehen dürfen; das war für mich wieder ein Hinweis, dass etwas ganz Furchtbares geschehen sein musste. Ich schaute immer nur auf den Sarg und innerlich schrie ich: Steffi, komm zu mir zurück!

Dann begann die Trauerfeier. Der Pfarrer hatte Steffi als Baby getauft, und ich hatte eine gute, von Vertrauen geprägte Beziehung zu ihm. Am Anfang konnte er kaum reden. Ihm versagte die Stimme und ich dachte: Das nimmt ihn natürlich auch sehr mit, und jetzt soll er da vorne sprechen. Er tat mir leid – aber meine Augen hingen immer nur am Sarg. Ich konnte das alles nicht fassen.

Ein Lied ist mir bis heute in Erinnerung, das tat mir wohl: „Du kannst nicht tiefer fallen als nur in Gottes Hand." Das gab mir Trost und von dem Augenblick an klammerte ich mich daran. In diesem Moment glaubte ich, dass Steffi wirklich in Gottes Hand gefallen und jetzt bei ihm war.

Dann kam der Moment, dass die Sargträger den Sarg hinaustrugen, und Nadine und ich und unsere Familie folgten. – Die Sargträger gehörten allesamt zur Familie von Steffis Vater und waren gekommen, um uns diesen Liebesdienst zu erweisen.

Ich weiß nicht, wer es war, aber irgendjemand ging an meiner Seite und stützte mich; und ich stützte Nadine, hielt sie ganz fest.

Trotz meines Nebelzustands nahm ich wahr, wie voll die Kirche war: Es gab keinen freien Platz mehr, die Empore war voll, viele standen draußen. Ich dachte: Sie alle haben Steffi sehr gemocht, sie war sehr beliebt, jeder mochte und liebte sie, ihre offene, liebevolle, lustige und kontaktfreudige Art. Sie liebte jeden Menschen und alle Tiere. Wie konnte jemand sie so grausam behandeln? – Das fragte ich mich immer wieder.

Wie froh war ich, als das alles vorbei war! Am Abend fuhr ich nochmals auf den Friedhof. Endlich wusste ich, wo Steffi war, wo ich sie finden konnte; nun konnte ich ein wenig bei ihr sein. Die vielen Blumen auf dem Grab waren schön … Ich wollte einfach nur bei ihr sein.

# Entwarnung

Ein paar Tage nach der Beerdigung kam von der Kripo die Nachricht, der Mörder sei gefasst und man sei ganz sicher, wer es getan habe. Ich kannte den Mann nicht. Die Aussagen der Mädchen, die mit Steffi zuletzt unterwegs waren, hatten ihn und das Auto beschreiben können; das führte nach kurzer Suche zu seiner Verhaftung.

Ich war erleichtert, denn solange er frei herumlief, hatte ich Angst, um Nadine und auch um mich. Ich musste ja zweimal am Tag zum Stall, um die Tiere zu versorgen, und im Winter wird es früh dunkel – das heißt, dass ich jeden Abend im Dunkeln allein dort war. Zwar knurrte mein Boxer bedrohlich, wann immer jemand in die Nähe kam, durch ihn fühlte ich mich sicherer. Aber es war furchtbar, im Dunkeln allein draußen zu sein. Der Schock saß zu tief.

# Die Schicksalsnacht

Anhand der Aussagen des Täters, der anderen beiden Mädchen und der Zeugen konnte man nachvollziehen, was in der Neujahrsnacht geschehen war:

Steffi war zunächst mit Freundinnen im benachbarten Ebringen in der Halle gewesen; nach Mitternacht beschlossen Steffi und andere Mädchen, noch nach Freiburg auf die große Feier zu gehen, sie fuhren mit dem Bus. Ein paar Stunden später, auf dem Nachhauseweg, stiegen sie in einen falschen Bus, wahrscheinlich aus

Müdigkeit. So landeten sie nicht an den heimischen Bushaltestellen, sondern an einer Endstation sechs Kilometer von Schallstadt entfernt.

Die Mädchen stiegen aus und überlegten, was sie tun sollten. Da hielt ein Autofahrer und fragte sie, wo sie denn hinwollten. Sie nannten ihm die Orte und der Fahrer meinte: „Zwei von euch kann ich mitnehmen, euer Ort liegt auf meinem Weg; nach Schallstadt ist mir der Umweg zu groß." Steffi sagte zu ihren Freundinnen: „Fahrt ruhig mit, ich komme schon klar. Ich habe ein Handy dabei und kann meine Mutter anrufen; außerdem wohnt meine Oma hier, ich kann auch zu ihr gehen." So fuhren die Mädchen mit dem Mann mit und ließen Steffi allein.

Ob Steffi dann vielleicht bei der Oma war und klingelte, die Oma aber die Klingel nicht gehört hat, das wissen wir nicht. (Das hat der Oma später sehr große Gewissensbisse bereitet, sie hat sich schwere Vorwürfe gemacht.) Jedenfalls rief Steffi mich nicht an; sie wusste ja, dass ich gesundheitlich angeschlagen war und dass sie sich nicht an unsere Vereinbarung gehalten hatte. Sie wollte mich schonen und mich nicht aus dem Schlaf reißen; so machte sie sich zu Fuß auf den Weg nach Hause.

Mittlerweile war es etwa fünf Uhr früh. Das meiste Stück des Weges hatte sie bereits geschafft, sie hatte nur noch knapp zwei Kilometer vor sich, da hielt wieder ein Auto neben ihr – es war derselbe Fahrer, der die beiden anderen nach Hause gebracht hatte: „Ich habe es mir anders überlegt, ich bringe dich doch heim." Müde und erschöpft, wie sie war, nahm sie das Angebot an und stieg ein.

Der Mann aber fuhr sie nicht nach Hause, sondern bog bei nächster Gelegenheit auf einen Feldweg ab. Dort ermordete er sie in dieser Nacht auf unglaublich grausame Weise.

Auf diesem Weg lag sie bis zum 2. Januar; ein Landwirt fand Steffi, als er auf einem Spaziergang zu seinen Feldern war.

## „Macht ihr eine Therapie?"

Die Gewalttat, der Verlust und der Schock hatten verheerende Auswirkungen auf Nadines und mein Leben, auf unsere Gesundheit. Mit der Nachricht über Steffis Tod begannen furchtbare Albträume, Schlafstörungen, Krankheiten, die unseren Körpern Schmerzen bereiteten – nicht nur unsere Seele war ein einziger Schmerz, auch unsere Körper wurden zu einem einzigen Schmerz.

Immer wieder kamen Freunde und boten ihre Hilfe an; aber mir kam es vor, als müsste mehr ich *sie* trösten, als dass sie hätten *uns* trösten können – und wenn sie gingen, gingen sie wieder in ihren Alltag zurück, in ihre Normalität, wir aber blieben in unserer Trauer wieder allein.

In ihrer Hilflosigkeit fragten sie oft nur: „Macht ihr eine Therapie? Habt ihr jemanden, der euch hilft?"

Ja, eine Therapie kann mir vielleicht helfen, dachte ich, und wandte mich an eine Psychologin, auch wenn es mir sehr schwerfiel, zu ihr zu gehen: es ging ja um meine Steffi, und über sie reden zu müssen vor einer Person, die sie kaum kannte, das war mir fast unmöglich. Und über den seelischen Schmerz reden? Ich konnte ihn ohnehin fast nicht aushalten – und mich dann noch damit auseinandersetzen, das war, wie Salz in eine offene Wunde zu streuen. Wenn der Schmerz dann so unerträglich war, dass ich es nicht mehr aushalten konnte, sagte sie: „Die Stunde ist jetzt zu Ende, wir machen für nächste Woche wieder einen Termin." Ich sagte ihr: So kann ich damit nicht umgehen, das halte ich nicht aus – und brach die Therapie ab.

Eine andere Psychologin der Trauma-Sprechstunde an der Uniklinik hatte wenigstens so viel Verständnis für mich, dass ich nicht zu ihr in die Sprechstunde kommen musste. Ich konnte sie anrufen, am Telefon mit ihr reden. Das fiel mir etwas leichter, da konnte ich eher mal über meine Gefühle reden. Sie hatte immer Zeit für mich, ohne dass ich ihr gegenübertreten musste. Denn oft musste ich so weinen, dass ich dachte: Das hört nie wieder auf. Vor anderen Menschen wollte ich das nicht.

# Abgekapselt

Bei uns gab es keine Normalität mehr, keinen normalen Alltag; es war, als wäre mit Steffis Tod auch unser Leben zerstört worden. Ich wollte nur noch sterben und überlegte mir oft, wie ich mir am schmerzlosesten das Leben nehmen könnte, tat es dann aber doch nicht, weil ich Nadine nicht alleinlassen wollte. Sie litt ja auch so sehr.

Um das, was man noch Alltag nennen konnte, irgendwie zu bewältigen, nahm ich starke Antidepressiva; damit konnte ich mich einigermaßen auf den Beinen halten. Manchmal nahm ich starke Schlaftabletten, um diesem Albtraum zu entfliehen, um mal ein paar Stunden Ruhe zu haben vor diesem tiefen Schmerz in mir drin. Aber das half mir auch nicht. Ich hatte trotzdem schlimme Albträume, wurde daraus aber schlechter wach, und das war auch grausam. Wegen der Schmerzen in meinem Körper – Rückenschmerzen, Gelenkprobleme, Migräne – brauchte ich zudem oft starke Schmerztabletten.

Ich war fast nicht mehr in der Lage, arbeiten zu gehen. Irgendwie muss es doch weitergehen, dachte ich, und versuchte es, aber ich konnte die Normalität der Menschen um mich herum nicht mehr ertragen. Besonders, wenn irgendwo gelacht wurde, hielt ich es fast nicht mehr aus; ich konnte nicht mehr lachen, nicht mehr fröhlich sein. Nadine und ich sagten uns: „Wir haben keinen Grund, jemals wieder fröhlich zu sein, wir werden nie wieder lachen."

Es war mir auch absolut unerträglich, wenn die Kollegen sich in der Pause über den Krimi vom letzten Abend unterhielten. Ich konnte es nicht mehr mit anhören – denn das, was in den Filmen passiert, war in meinem Leben Realität geworden, und ich erfuhr am eigenen Leibe, wie furchtbar und grausam das ist. Dadurch wurde mir selber erst bewusst, wie pervers es ist, sich am Feierabend mit dem Leid anderer Menschen unterhalten zu lassen und darin *Entspannung* finden zu wollen.

Die meiste Zeit war ich krankgeschrieben. Ich ging nirgendwo hin, konnte Menschen um mich herum nicht ertragen, ihre Nähe nicht aushalten. Musste ich doch mal einkaufen gehen oder in die Stadt, war das die reinste Qual, und ich versuchte, zu anderen Menschen immer großen Abstand zu halten. Ich versorgte Nadine, versuchte, ihr so gut es ging zu helfen, versorgte unsere Tiere und ansonsten kapselte ich mich zu Hause ein.

Nadine wurde in der Schule zur Außenseiterin. Sie zog sich innerlich und äußerlich ganz zurück, ihre Freundinnen wussten nicht mehr, wie sie mit ihr umgehen sollten – das machte es für Nadine nicht einfacher. Sie war immer sehr beliebt gewesen, war Stellvertreterin des Klassensprechers und ein sehr selbstbewusster und fröhlicher Teenager. Aber auch sie zog sich in die Isolation zurück.

Steffi war immer redselig gewesen. Sie teilte mir immer gerne alles mit, was sie erlebt hatte und was sie beschäftigte, was sie auf dem Herzen hatte. Nadine war eher ruhig, und nun war es um uns herum sehr still geworden.

Wir hatten nur noch uns. Jede kannte den Schmerz der anderen, aber alle anderen konnten nicht verstehen, was wir durchmachten. Hilfreich war die taktvolle, unterstützende Art der Kripobeamten und vor allem auch die Betreuung durch Peter und Ulrike vom Weißen Ring, die uns in allem Organisatorischen unterstützten, aber auch im Alltag, wo immer das möglich war. Mit ihnen entstand eine langdauernde Freundschaft.


# Die Verhandlung

Etwa ein Jahr nach Steffis Tod nahte der Gerichtstermin; man riet uns, als Nebenkläger aufzutreten. Der Weiße Ring unterstützte uns auch hierin: er finanzierte einen guten Anwalt – den hätte ich nie bezahlen können.

Wir spürten, dass die Kripo uns etwas verheimlichte – wenn wir z. B. beim Anwalt waren, hatte man schon mit ihm telefoniert, ihn informiert; also da schien es etwas zu geben, das wir nicht wissen sollten –; deshalb beschlossen Nadine und ich, den Gerichtsverhandlungen beizuwohnen. Wir wollten wissen, was wirklich geschehen war, wir dachten, das wären wir unserer Steffi schuldig. Heute sehe ich: Es war ein großer Fehler, Nadine mitzunehmen; sie war gerade erst 15 Jahre alt geworden.

An diesen Gerichtstagen erfuhren wir, welche Grausamkeiten in jener Nacht geschehen waren – unvorstellbar, zu was ein Mensch fähig ist! Ich dachte immer nur voller Traurigkeit: Wie kann ein Mensch einem anderen Menschen so viel Leid zufügen, wie kann man nur so grausam sein! Ich hatte keine Rachegedanken gegen diesen Mann wie so viele andere, die ihn am liebsten umgebracht hätten für das, was er getan hatte. Ich dachte: Das darf man nicht, das ist nicht gut, damit wird man zu einem ähnlichen Monster wie er, das ist nicht recht.

Die Beamten von der Kripo waren uns in diesen Tagen eine besondere Stütze. Sie kümmerten sich vorbildlich um uns, sie schirmten uns ab, besonders vor der Presse. Sie schützten uns vor der Familie des Täters (die hielt geschlossen zu ihm, das konnte ich gar nicht verstehen). Peter war jeden Tag an unserer Seite, begleitete uns danach wieder nach Hause und blieb bei uns, bis wir die neuen Schocks einigermaßen überwunden hatten. Manchmal redeten wir über das Gehörte, manchmal saßen wir einfach nur stumm zusammen, konnten kaum begreifen, was wir hören mussten. Es tat gut, so einen verständnisvollen Menschen an unserer Seite zu haben.

Mit Worten kann man nicht beschreiben, was wir durchgemacht haben; aber das Leben, das unerträglich geworden war, musste irgendwie weitergehen.

# „All diese Tabletten ..."

Etwa ein Jahr später, Anfang 2002, war Nadine am Ende ihrer Kraft. Es war einer der ganz wenigen Tage, an denen ich arbeiten war. Ich wollte sie später in der Stadt treffen und mit ihr zusammen nach Hause fahren, aber am Nachmittag rief sie mich an: „Mami, du brauchst nicht zu unserem Treffpunkt zu kommen, ich will dir nur sagen – ich beende jetzt mein Leben." Dann legte sie den Hörer auf. Ich rief natürlich gleich zurück, aber

Nadine nahm nicht mehr ab. Ich dachte: Was kommt denn noch alles? Ich weiß nicht, wie ich das auch noch aushalten soll!

Ich ließ alles stehen und liegen, rief nur noch Peter an und bat ihn, zu uns nach Hause zu kommen, anscheinend geschehe da gerade etwas ganz Schlimmes.

Schreiend und weinend fuhr ich mit dem Auto nach Hause und malte mir schon aus, was mich wohl erwarten mochte. Dort lief ich in Nadines Zimmer. Sie lag im Bett, der Fernseher lief, und sie sah mich an. Ich dachte: Gott sei Dank, sie lebt!, und machte ihr Vorwürfe: „Was machst du denn – weißt du eigentlich, was du mir mit deinem Anruf angetan hast?!" Sie antwortete ganz ruhig: „Wieso, ich habe das ernst gemeint. Schau hier, ich habe all diese Tabletten genommen, weil ich jetzt einschlafen und niiiee wieder aufwachen will."

Erst jetzt sah ich all die leeren Arzneischachteln auf dem Bett liegen. All die vielen starken Medikamente, wirklich viele, hatte sie geschluckt, es sollte ganz endgültig sein.

Peter und Ulrike kamen und riefen den Notarzt, ich war dazu nicht mehr in der Lage. Nadine wurde bald bewusstlos. Sie wurde in die Freiburger Kinderklinik gebracht und ich war dabei, als man ihr den Magen auspumpte.

Die Ärzte und die Polizei, die in solchen Fällen dazukommen muss, fragten, ob ich wisse, warum Nadine das getan habe. Ich war zu keiner Antwort fähig, aber auch hier halfen Peter und seine Frau; sie stützten und trösteten mich durch ihre Anwesenheit und beantworteten die Fragen. Es war so gut, dass sie bei mir waren!

Als Nadine stabil war, brachten die beiden mich nach Hause. Nadine war noch bewusstlos, aber die Ärzte meinten, ich sollte mich ausruhen und am nächsten Tag wiederkommen. Dann hatte ich ja noch die Tiere zu versorgen! Es war mittlerweile spät in der Nacht, doch es musste sein; so machte ich mich mit den Hunden auf den Weg. Ich gab den Tieren Futter und Wasser und machte die Ställe sauber, alles im Licht einer Stirnlampe.

Das tat mir gut – die frische Luft und dazu der Gedanke, etwas Gutes zu tun; trotzdem fühlte ich mich sehr, sehr einsam. Ich vermisste Steffi so sehr, und jetzt hätte ich fast auch noch Nadine verloren! Irgendwie spürte ich, dass eine ganz starke böse Macht versuchte, uns alle zu zerstören. Ich verstand es nicht, und das machte mir Angst.

Bei aller geschätzten Hilfe – es kam doch immer wieder der Moment, wo all die lieben Menschen, die mich unterstützten, nach Hause gingen und ich mit allem allein dastand.

Wie froh war ich über meinen Hund! Ich wusste, dass er mich beschützen würde, das tat mir gut. Er kam aus schlechter Haltung und hatte kein Vertrauen mehr zu Menschen, aber mir gegenüber hatte er einen starken Beschützerinstinkt, das brauchte ich damals sehr.

Ich hatte mich nie gefürchtet, abends allein draußen am Stall zu sein. Doch seit dem Trauma war das anders: Ich hatte Angst im Dunkeln, manchmal sogar Panik. Aber wir liebten die Tiere und wollten uns nicht von ihnen trennen.

Außerdem war da ja Steffis Pferdchen, eine junge Norwegerstute namens Flicka. Steffi hatte sie sehr geliebt und Flicka war ganz auf Steffi fixiert; die beiden waren ein super Team. Nachdem Steffi nicht mehr kam, ließ sie sich von niemandem mehr reiten; sie warf alle Kinder ab, die ich auf sie setzte; mit Nadine lief sie nicht, sie blieb einfach stehen und es gab nur eine Möglichkeit, Flicka zu bewegen: Wenn ich ausritt, ließ ich sie als Handpferd neben meiner Stute laufen. Mit meinen Tieren in der Natur zu sein, das tat mir richtig gut; dann konnte ich ein wenig abschalten und meine Seele baumeln lassen, das gab mir viel Beruhigung. Aber Steffis Pferdchen trauerte so sehr, dass es sich nach ein paar Monaten mit einem Lungenvirus infizierte, obwohl es jung und gesund war. Nach kurzer Zeit hatte Flicka solche Atemprobleme, dass wir sie erlösen lassen mussten, und ich wusste: Jetzt war sie wieder bei Steffi.

# Selbstmord auf Raten

Aber zurück zu Nadine: Am nächsten Morgen fuhr ich wieder in die Kinderklinik, Nadine war aus der Bewusstlosigkeit erwacht. Ich war sehr erleichtert, das zu hören, und verbrachte den Tag bei ihr. Ein paar Tage lang hatte sie schlechte Leberwerte, aber die verbesserten sich erstaunlicherweise recht bald von selbst, und sie wurde von der Kinderklinik in die Kinder- und Jugendpsychiatrie verlegt, auf die geschlossene Abteilung, da immer noch die Gefahr bestand, sie könnte sich das Leben nehmen. Auch dort war ich fast die ganze Zeit bei ihr und hatte viele Gespräche mit den Ärzten über die Frage, wie es bei uns weitergehen sollte.

Die Ärzte rieten mir, zusammen mit Nadine eine Verhaltenstherapie zu machen. Da ich wollte, dass es Nadine bald wieder besser ging, und weil ich sie wieder nach Hause holen wollte, stimmte ich der Therapie zu – aber sie half auch nicht weiter: Nadine fing an, sich mit Rasierklingen die Arme aufzuschneiden. Meistens tat sie das heimlich; manchmal kam sie zu mir, weil sie sich zu stark geschnitten hatte und es heftig blutete. Sie erklärte mir dann: „Weißt du, immer wenn das Blut fließt, habe ich seelisch etwas Erleichterung." Die Ärzte erklärten mir, das sei auch eine Art Selbstmord, nur in kleinen Schritten.

# Wie ein Faustschlag ins Gesicht

Viele in unserem Umfeld fingen an, uns zu sagen: „Die Zeit der Trauer müsste doch langsam mal vorbei sein, das Leben geht weiter." Das war für mich jedes Mal wie ein Faustschlag ins Gesicht – ich dachte: Was wissen die denn, wie es einer Mutter geht, die ihre Tochter auf so grausame Weise verloren hat und deren andere Tochter so furchtbar darunter leidet? Das kann gar nicht vorbeigehen, der Schmerz sitzt so tief, keiner kann uns helfen, das wird wohl bis zum Ende unseres Lebens so gehen. Diese Trauer wird nie vorbei sein, dafür bin ich zu sehr eine Mutter, die ihre Kinder über alles liebt. Und ich sagte immer: „Dieser Satz ‚Die Zeit heilt alle Wunden' ist Quatsch, das stimmt überhaupt nicht, der Schmerz ist so stark wie am Anfang."

Ja, der Nebel des Schocks hatte sich irgendwann gelichtet; wer aber weiß, wie sich Depressionen anfühlen, der weiß auch: Dann ist man nicht man selber. Man wird beherrscht vom Schmerz, von der Trauer, der Einsamkeit, man sitzt in einem tiefen Loch und kann aus eigener Kraft nicht 'raus. Die Tabletten betäuben nur an der Oberfläche, aber tief drinnen wütet dieser Schmerz, den man nicht beschreiben kann. Man denkt, man würde aufgefressen, alle Kraft wird einem geraubt, und man ist dem hilflos ausgeliefert.

# Wieder in Vollzeit

Ich arbeitete immer noch in der Firma, in der ich seit meiner Ausbildung tätig gewesen war, und hatte einen sehr verständnisvollen, freundlichen und hilfsbereiten Chef – und wirklich liebe Kollegen, die mich unterstützten, wo es nur ging. Besonders meinem Chef lag es am Herzen, dass ich meinen Arbeitsplatz behalten konnte. Er tat alles für mich, was möglich war; nach Nadines Selbstmordversuch richtete er mir sogar in unserer Wohnung ein Büro ein, so dass ich mittags, wenn Nadine von der Schule kam, zu Hause sein konnte, damit sie nicht allein war.

Ich war so dankbar dafür und bin es bis heute, denn diese Arbeitsstelle war meine einzige Absicherung, damit konnte ich unseren Lebensunterhalt finanzieren; ich wusste, dass ich sie brauchte. Ich finde nicht genug Worte für meine Dankbarkeit dafür, was diese lieben Menschen, mein Chef und meine Kollegen, in dieser Zeit alles für Nadine und mich getan haben!

Nach der Geburt meiner Kinder hatte ich viele Jahre lang nur halbtags gearbeitet. Nach der Scheidung bekam ich keinen Unterhalt und musste uns mit dem Halbtagsgehalt über Wasser halten und mit verschiedenen Jobs nebenher; immer wieder musste ich Schulden machen. Ab dem 01.01.2000 hatte ich einen Vertrag, mit dem ich endlich wieder ganztags arbeiten und somit mehr verdienen konnte; aber an jenem Tag änderte sich alles; deshalb bedeutet mir die Hilfe meines Chefs und meiner damaligen Kollegen so viel, auch jetzt noch im Ruhestand.

# Der berühmte letzte Tropfen

Als wäre all das Leid noch nicht genug, kamen Ende 2002 noch ganz massive Geldprobleme hinzu: Von einem Tag auf den anderen stellte mir die Bank den Geldhahn komplett ab. Ich wusste nicht mehr, wovon wir noch leben sollten! Ich verstand das nicht. Warum auf einmal? Schließlich bezog ich Krankengeld, manchmal auch ein Gehalt.

Dieser Schlag zog mir endgültig den Boden unter den Füßen weg. Das war der berühmte letzte Tropfen, der das Fass zum Überlaufen bringt! Was konnte ich tun? Nadine und ich beschlossen, zu einer Freundin zu gehen, die uns einmal Hilfe angeboten hatte; je nachdem, was sie sagte, würden wir anschließend schon einen Weg finden, gemeinsam unser Leben zu beenden.

Es war mir sehr unangenehm, Andrea um Hilfe zu bitten, aber ich tat es. Sie atmete tief durch und sagte dann: „Ich kann euch gerade auch nicht aushelfen, das geht leider nicht. Aber wenn ich euch so anschaue, wie ihr vor mir sitzt, am Ende eurer Kräfte und ohne Hoffnung, Kraft und Perspektive – da gibt es eigentlich nur noch einen, der euch helfen kann, und das ist Jesus Christus. Wenn ihr bereit seid, ihn in euer Leben einzuladen und ihn um Hilfe zu bitten, wenn ihr ihm euer Leben anvertraut, dann hilft er euch ganz sicher!"

Seit ich wieder in die Kirche ging, dachte ich, ich glaubte wieder an Gott, jedenfalls war er mir wieder wichtig geworden; aber, dass ich Jesus in mein Leben einladen kann, damit er mir hilft – das hatte mir noch keiner gesagt. Nadine und ich schauten uns an. Ja, bisher hatte kein Mensch uns helfen können, kein Arzt, kein Therapeut, kein Pfarrer, keine Medizin; ich hatte auch Hilfe in der Esoterik gesucht, unter anderem Autogenes Training und Tai Chi gemacht, um schlafen zu können, hatte sogar nach Feng Shui die Möbel umgestellt – aber nichts half, im Gegenteil: Es wurde immer noch schlimmer und ich sah schon lange keinen Ausweg mehr.

Doch an diesem Abend beschlossen wir, es noch mit Jesus Christus zu versuchen. Das war wie der letzte Strohhalm, und wir ergriffen ihn. Aber wie macht man das? Andrea wollte uns ein Gebet vorsprechen und wir sollten es nachsprechen.

Zunächst erklärte sie uns, was es bedeutete. Dann sprachen Nadine und ich beide dieses Gebet nach:

> Herr Jesus Christus, wir kommen jetzt zu dir.
> Wir wissen, dass wir Sünder sind. Bitte vergib uns unsere Schuld und vergib uns auch, dass wir so lange ohne dich gelebt haben.
> Doch heute kommen wir zu dir, um Kinder Gottes zu werden, und um zu unserem himmlischen Vater kommen dürfen.
> Bitte hilf uns in unserer Not!

Ich hätte nicht sagen können, *was* dadurch geschah; aber ich spürte deutlich, *dass* etwas geschehen war, nur konnte ich es nicht erklären. In dieser Minute hatte eine Veränderung stattgefunden, auch wenn ich nicht wusste, wie und warum. Mit neuer Hoffnung fuhr ich an jenem Abend nach Hause.

# Begeistert

In den Wochen danach trafen wir beide uns häufig mit Andrea; sie brachte uns bei, wie man sein Leben führt, wenn man Jesus liebt, wir lasen gemeinsam in der Bibel und Andrea betete für uns. Das alles war neu für mich.

Und dann geschahen Wunder: Wir erlebten Heilung. Von Tag zu Tag ging es uns besser und langsam, aber sicher kamen wir aus unserem tiefen Loch heraus. Es kam neue Kraft, Kraft zum Leben, Hoffnung.

Schon immer war ich auf der Suche nach übernatürlichen Erfahrungen gewesen, hatte auch einiges erlebt. Aber jetzt erlebte ich es so wohltuend, überzeugend, hilfreich! Die Wunder erstaunten mich. Die Heilungen waren real: Schritt für Schritt wurde es besser mit uns. Nadine und ich, wir merkten beide, dass Jesus Christus in unserem Leben real geworden war – wir konnten ihn erkennen in all dem Guten, das an uns geschah.

Ich spürte eine Liebe in meinem Herzen; auf einmal konnte ich spüren, dass Gott mich liebt. Ich erfuhr, dass ich mit ihm reden kann und ihn um etwas bitten darf; dass er Gebet erhört und dass Gott uns tatsächlich hilft: das war eine ganz neue, begeisternde Erfahrung für mich!

Je mehr ich von Jesus hörte, umso begeisterter wurde ich von ihm! Deshalb wollte ich ihn immer besser kennenlernen: Wie ist er, was macht er und warum, wie macht er das alles? Ich wurde hungrig nach mehr und immer mehr von ihm und konnte nicht genug bekommen.

Eines Abends begann ich dann auch selber, in der Bibel zu lesen, im Neuen Testament, in den Evangelien, ich wollte alles über Jesus wissen und lernen. Darüber schlief ich ein und konnte ein paar Stunden richtig gut durchschlafen; am nächsten Morgen fühlte ich mich so kräftig, dass ich zur Arbeit gehen konnte.

Das war ein Wunder! Denn was immer wir zuvor auch ausprobiert hatten, um schlafen zu können und das ohne Albträume – es hatte nicht funktioniert: Wir ließen das Licht brennen, den Fernseher laufen, das Radio an; aber sobald wir die Augen zumachten und einschliefen, kamen die Albträume, jede Nacht. Morgens wachte ich wie gerädert auf, weil ich die meiste Zeit wach gelegen hatte.

Einschlafen und Durchschlafen – das hatte ich seit Monaten nicht mehr gekannt. Und jetzt auf einmal! Ob das wohl mit dem Bibellesen zusammenhing? Oder war es nur Zufall? Das müsste sich klären lassen, dachte ich, und las am nächsten Abend vor dem Einschlafen wieder in der Bibel – und siehe da, auch in dieser Nacht konnte ich schlafen! Sehr erstaunlich.

Von da an wurde es mir wichtig, regelmäßig in der Bibel zu lesen. Voller Begeisterung las ich mehrfach die Evangelien durch, um Jesus besser kennenzulernen.

Langweilig wurde mir das nicht, denn ich entdeckte immer neue Schwerpunkte und Aussagen, immer etwas Neues, das mir wichtig wurde; und was ich las, hatte mir etwas zu sagen für mein eigenes Leben, Ich entdeckte beim Lesen Ereignisse, die ich selber am Tag erlebt hatte – und siehe da, die Lösung für das Problem stand auch dabei!

Zum Beispiel hatte ich mit einer Kollegin Probleme gehabt, und so etwas machte mich richtig fertig; aber in der Bibel stand eine Lösung dafür:

Jesus sagt:
*„Liebt eure Feinde! Betet für die, die euch verfolgen!*
*So handelt ihr wie wahre Kinder eures Vaters im Himmel."*
Matthäus 5,44–45

Okay, das wollte ich versuchen; ich nahm sehr ernst, was ich da las, also betete ich für diese Kollegin. Eigentlich wusste ich noch nicht so recht, wie man betet, aber ich sagte ein paar gute, positive Dinge über sie – und merkte, dass ich dabei zur Ruhe kam. Die Anspannung fiel von mir ab und ein Friede erfüllte mich. Bei der nächsten Begegnung mit ihr konnte ich feststellen, dass sich zwischen uns etwas gewaltig zum Besseren verändert hatte: Sie war umgänglich und nicht mehr so aggressiv gegen mich. Erstaunlich, was das bewirkte, was da in der Bibel stand!

Ich war dankbar, dass ich das alles langsam, aber sicher erkennen und erleben durfte, ich war offen dafür und ich erlebte im Alltag mehr und mehr Wunder – und ich wurde immer begeisterter von Jesus und seiner Liebe, die ich ganz klar und immer stärker in meinem Herzen spürte.

Nicht nur mir, auch Nadine ging es von Tag zu Tag besser, und auch sie wollte Jesus immer mehr kennenlernen und nahm sehr gerne Andreas Hilfe an. Unermüdlich erklärte Andrea uns viel über das Reich Gottes und betete für uns.

# Als Letzte gekommen, als Erste gegangen: Ein Extra-Stuhl nur für mich

Natürlich lud Andrea uns immer wieder ein, zu den Gottesdiensten ihrer Freikirche zu kommen. Anfangs hatte ich nicht den Mut dazu: So viele Leute um mich herum? Das ertrug ich nicht! Es war schon schlimm genug, dass ich einkaufen und zur Arbeit musste. Wenn mir jemand die Hand gab und mich einfach nur mitleidig ansah, weil er nicht wusste, was er mir sagen sollte, dann brach ich oft in hemmungsloses Weinen aus. Das wollte ich vermeiden. Deshalb zog ich mich zurück, wollte von meinen Mitmenschen am liebsten nichts sehen und hören.

Eine Ausnahme gab es: Nach Steffis Tod hatte ich mich daran erinnert, dass es in der evangelischen Kirche einen Ort gab, an dem es mir einmal gut gegangen war. So ging ich irgendwann nach Steffis Tod wieder nach Bad Krozingen in die Kirche, aber ich kam extra zu spät, denn dann musste ich den Pfarrer nicht begrüßen, der am Eingang stand und jeden persönlich willkommen hieß. Dann setzte ich mich ganz hinten in die letzte Reihe, und am Schluss des Gottesdienstes ging ich gleich wieder, damit mich nur ja niemand ansprach.

Vielleicht konnte ich es bei Andreas Kirche auch so machen? Also gut: Ich ging zu spät zum Gottesdienst, dass mich nur ja niemand ansprechen konnte, stellte mich ganz hinten in eine Ecke, und als ich merkte, dass sich der Gottesdienst dem Ende zuneigte, verschwand ich. Es hatte mir aber doch ganz gut gefallen, so ging ich am nächsten Sonntag wieder hin; und da stand hinten in „meiner" Ecke – ein Stuhl für mich!

Diese liebevolle Aufmerksamkeit tat mir gut.

So ging es einige Sonntage, dann wurde Abendmahl gefeiert. Eine Frau kam mit Brot und Wein auf mich zu; ich konnte es annehmen, und von da an war das Eis gebrochen: Ich konnte bis zum Schluss bleiben und ertrug es, dass man auf mich zukam, mir die Hand gab und sagte: „Schön, dass du da bist, wir freuen uns sehr." Von da an gingen Nadine und ich regelmäßig in die Freie Christengemeinde in Bad Krozingen. Nadine kannte sie schon, da sie früher oft mit Freundinnen im Kindergottesdienst gewesen war.

# Gott spricht zu mir!

Es war, als hätten sie nur auf uns gewartet: Viele liebe Menschen kümmerten sich rührend um uns – sie halfen uns praktisch und ermutigten uns, sie erklärten uns viel über Gott und die Bibel, und vor allem: Sie beteten für uns im Stillen; und wenn wir uns begegneten, beteten sie für unsere Nöte und Schmerzen. Es geschahen Wunder, wir erlebten Gebetserhörungen, Nadine und ich erlebten weitere Heilung. Es war ein Prozess, durch den wir gingen. Das kam nicht alles auf einmal, sondern über Wochen und Monate.

Von meinen Glaubensgeschwistern in der Gemeinde – wir waren ja alle durch den Glauben Gottes Kinder –

lernten wir viel über Jesus, unseren Vater im Himmel, über den Heiligen Geist und über die Liebe, die sie zu uns haben. Wir lernten auch, selber laut zu beten. Vor jenem denkwürdigen Gebet bei Andrea konnte ich eigentlich nur auswendig gelernte Gebete aufsagen und in meiner Not hatte ich oft nächtelang, wenn ich nicht schlafen konnte, das Vaterunser hergesagt oder den Psalm 23: „Der Herr ist mein Hirte ..." Aber in der Gemeinde lernte ich, dass ich zu Gott sprechen kann wie zu einem allerbesten Freund, der immer für mich da ist, der mir immer zuhört, der immer antwortet und der mich nie alleinlässt.

Beten zu Gott – das heißt, mit ihm zu reden – ist keine Einbahnstraße. Gott spricht auch zu uns, er gibt Antwort oder er teilt uns Dinge mit! Ich staunte darüber, *wie* Gott mir antwortet oder auch von sich aus zu mir spricht: Nicht nur, wenn ich in der Bibel lese, redet Gott zu mir – das hatte ich ja schon erfahren dürfen –, sondern auch durch andere Menschen, die mir etwas Gutes, Schönes, Ermutigendes sagen, und besonders redet Gott auch durch feine, leise Gedanken, die positiv, wohltuend, liebevoll, ermutigend sind. Nicht zuletzt redet er durch unser gutes oder schlechtes Gewissen zu uns.

Dazu muss man auch mal still werden, damit man diese Gedanken überhaupt hören kann; deshalb wurde es mir wichtig, morgens früh aufzustehen, um in der Bibel zu lesen und Gemeinschaft mit Gott zu haben. Das wurde für mich zur kostbarsten Zeit des Tages, und diese besonderen Begegnungen mit Jesus, meinem Erlöser, dem Vater im Himmel und dem Heiligen Geist wollte ich auf keinen Fall mehr missen.

# Wozu bin ich auf der Welt?

Dabei erfuhr ich auf erstaunliche Weise, wozu ich eigentlich auf der Welt bin, was der Sinn meines Lebens ist.

Jahrelang hatte mich das beschäftigt – ich hatte ja alles infrage gestellt, besonders auch mein (wie ich immer meinte) verkorkstes, sinnloses Leben, das sich oft wie eine einzige Qual anfühlte; jetzt sah ich es: Mein Lebensmittelpunkt, der Sinn meines Lebens war, Gemeinschaft zu haben mit meinem Vater im Himmel, mit Jesus und dem Heiligen Geist, der mich in alle Wahrheit leitet, mir die Liebe Gottes ins Herz legt, der mich tröstet, mir beisteht und mich lehrt und der mich führt auf meinem Weg mit Gott. Wie kostbar ist mir die Gemeinschaft mit ihm, jeden Augenblick meines Lebens! Das will ich nie mehr anders haben, das will ich nie mehr verlieren.

Diese Entdeckung gab mir richtig Auftrieb, zusätzlich zu all dem, was ich sonst noch Tag für Tag mit meinem Gott erleben durfte. Ich war so begeistert von meinem Jesus, der so real war und mir so voller Liebe, Fürsorge und Kraft zur Seite stand – ich konnte gar nicht genug mit ihm erleben, nicht genug von ihm hören und über ihn lernen! Oft ging ich sonntags, wenn irgendwo noch ein Abendgottesdienst stattfand, zweimal zum Gottesdienst, und auch in der Woche ließ ich kaum eine Gelegenheit aus, zu christlichen Veranstaltungen zu gehen.

Ich war so hungrig nach dem Wort Gottes und nach dem, was darüber gepredigt wurde; ich war so hungrig und durstig nach der Gemeinschaft mit Gott, dass ich zu

Seminaren und Frauenfrühstücken ging und wo immer Menschen berichteten, was sie mit Jesus erlebt hatten. Dabei erfuhr ich ständig Neues und Liebenswertes über meinen Jesus, und das gab mir viel Kraft und Freude – besonders, weil ich ganz bewusst erleben durfte, wie gegenwärtig er in meinem Leben war und ist, jeden Tag, jede Minute, jeden Augenblick.

# Taufe

Durch das Lesen der Bibel hatte ich irgendwann den starken Wunsch, mich taufen zu lassen – so, wie Jesus im Jordan getauft wurde, wollte ich auch getauft werden und damit vor der sichtbaren und unsichtbaren Welt bezeugen, dass Jesus meine Sünden abgewaschen, dass er dafür bezahlt hat durch seinen Tod, und dass ich, als Jesus an meiner Stelle am Kreuz starb, quasi mit ihm gestorben und mit ihm auferstanden bin zu dem ewigen Leben, das er mir versprochen und das er mir geschenkt hat.

Wenn ich mir das vor Augen hielt, jubelte es in mir: Halleluja! (Das heißt: Gelobt sei Gott!) Welch eine Gnade! Welch ein unverdientes Geschenk – das hat Jesus für mich getan aus grenzenloser Liebe! Kein Mensch hat jemals so etwas Großartiges für mich getan außer ihm, Jesus, und deshalb liebe ich ihn über alles!

Also fragte ich in der Gemeinde, ob ich getauft werden könne. Am liebsten wäre es mir gewesen, wenn Nadine sich mit mir hätte taufen lassen, aber sie war noch nicht so weit. Auch sie ging kontinuierlich und im

Vertrauen mit Jesus ihren Weg, aber ihr „Zeitplan" war ein anderer als meiner und ich musste diesen Wunsch loslassen.

Ich bekam bald einen Tauftermin und absolvierte die Taufvorbereitung. Die fand in der Gemeinde im ganz kleinen Rahmen statt; ich bekam Einzelbetreuung durch Beate. Sie erklärte mir vieles in der Bibel, wir sprachen über das, was ich in all den Jahren falsch gemacht hatte, wo ich bewusst und unbewusst gesündigt hatte, und gemeinsam beteten wir darüber. Dadurch lernte ich, selber immer spezifischer und vollmächtiger zu beten.

Ich empfand es als befreiend, dass ich all den Schrott, den ich trotz guten Willens angehäuft hatte, einfach hinter mir lassen durfte, all die vielen kleinen und großen Taten und Unterlassungen, wo ich Gott nicht geehrt hatte, weil ich mein Leben so geführt hatte, wie ich es wollte – das alles konnte ich mit Beate im Gebet aufarbeiten, indem ich Gott um Vergebung bat. So gewann ich in vielem eine neue Sicht darüber, was es heißt, gemäß der Bibel zu leben, sich an Gottes Anweisungen und Gebote zu halten, die er uns zu unserem Schutz gibt. (Traditionell nennt man das „Buße" oder, etwas moderner, „Umkehr".) Ich war bereit, mein Leben zu ändern, weil ich spürte, dass das gut war für mich. Auch hierbei lernte ich viel für meine persönlichen Gebetszeiten.

Beate erklärte mir, wie man als Christ lebt und warum – das hatte Andrea auch schon getan, sie hatte gute Vorarbeit geleistet –, aber bei Beate ging es tiefer und auch in die Breite. Ich spürte, dass mir das sehr gut tat und dass es mir half, noch mehr inneren Frieden zu bekommen und noch mehr gesundzuwerden. Ich begriff, dass es gut ist, sich an das Wort Gottes zu halten; es ist wie ein Fahrplan, und eine Hilfe in jeder Lebenslage.

Ich bin dankbar für all die lieben Menschen, die mich auf diesem Weg begleitet, mir viel erklärt und so manches beigebracht haben. Ich sog alles auf wie ein trockener Schwamm, änderte mein Leben von Grund auf; aus reiner Liebe zu meinem Gott richtete ich mein Leben aus nach den Prinzipien der Bibel, wo immer ich etwas Neues und Bedeutsames erkannte,

Das wurde für mich zur großen Kostbarkeit.

# Vergebung

Ein ganz wichtiges Prinzip der Bibel ist Vergebung. Dafür nahm Beate sich besonders viel Zeit: Sie las mir alle Bibelverse vor, die von Vergebung handeln; sie erklärte mir, dass Jesus *mir* alle Schuld vergeben hat durch seinen Tod am Kreuz und dass er mich von meinen Sünden reingewaschen hat durch sein vergossenes Blut. Sie erklärte weiter, dass ich von Jesus erlöst worden bin von aller meiner Schuld, die ich bewusst und unbewusst aufgehäuft hatte, und dass ich, als ich Jesus annahm und ihn in mein Leben einlud, ein Kind Gottes geworden bin. Dadurch darf ich nun vor meinen Vater im Himmel treten.

Diese Vergebung von allem, was ich falsch gemacht habe – und auch weiterhin falsch mache, da ich „nur ein Mensch bin" –, diese Vergebung gilt bis an mein Lebensende. Dadurch kann ich jetzt das tun, wozu ich auf der Welt bin und wozu Gott mich geschaffen hat: jetzt und für alle Ewigkeit mit meinem Gott Gemeinschaft haben, ihn anbeten, mit ihm leben und bewusst in seiner Gegenwart Zeit verbringen.

Jesus sagt:
*Denn das ist mein Blut,*
*das den Bund zwischen Gott und den Menschen besiegelt.*
*Es wird vergossen,*
*um die Sünden vieler Menschen zu vergeben.*
*Matthäus 26,28*

Der Apostel Paulus schrieb:
*Dieses neue Leben kommt allein von Gott,*
*der uns durch das, was Christus getan hat,*
*zu sich zurückgeholt hat.*
*Und Gott hat uns zur Aufgabe gemacht,*
*Menschen mit ihm zu versöhnen.*
*Denn Gott war in Christus*
*und versöhnte so die Welt mit sich selbst*
*und rechnete den Menschen ihre Sünden nicht mehr an.*
*Das ist die herrliche Botschaft der Versöhnung,*
*die er uns anvertraut hat, damit wir sie anderen verkünden.*
*2. Korintherbrief 5,18–19*

Der Apostel Johannes schrieb:
*All denen aber, die ihn aufnahmen*
*und an seinen Namen glaubten,*
*gab er das Recht, Gottes Kinder zu werden.*
*Sie wurden dies weder durch ihre Abstammung*
*noch durch menschliches Bemühen oder Absicht,*
*sondern dieses neue Leben kommt von Gott.*
*Johannes 1,12–13*

Das war die eine Seite der Medaille – und nun kommt die logische Konsequenz: So wie Gott mir alles vergeben hat, so soll auch ich *allen* vergeben, die mir Unrecht getan haben, die an mir schuldig geworden sind, die mich verletzt und mich gedemütigt haben.

Jesus sagt:

*Hört auf meine Worte!*
*Ihr könnt beten, worum ihr wollt –*
*wenn ihr glaubt, werdet ihr es erhalten.*
*Doch wenn ihr betet, dann vergebt zuerst allen,*
*gegen die ihr einen Groll hegt, damit euer Vater im Himmel*
*euch eure Sünden auch vergeben kann.*
Markus 11,24–25

Na, da fiel mir doch so einiges ein – es gab viele, die mich im Laufe meines Lebens verletzt, ja sehr verletzt hatten. Ich verstand: wenn Gott *mir* alles vergeben hat, dann kann ich *ihnen* allen auch vergeben.

Dazu sprach ich im Beisein von Beate meine Vergebung im Gebet aus: „Jesus, ich vergebe meiner Mutter (meinem Vater, dem Vater meiner Kinder, meiner Freundin X und jenem Kollegen Y) alles, was sie mir angetan haben" – dabei zählte ich konkret auf, was mir dazu einfiel. Wir nahmen uns viel Zeit dafür, und ich spürte bei jedem dieser Gebete, bei jeder Vergebung, die ich aussprach, wie mir eine befreiende, heilende Kraft Stück für Stück die Bitterkeit, den aufgestauten Frust und die Depression in mir wegnahm.

Ich ließ diese Menschen los und gab sie in die Hände von Jesus, indem ich sie anschließend segnete, so wie Jesus es in seinem Wort sagt (siehe Anhang, „Wie vergibt man – Eine Einführung"), und spürte den Frieden, der sich in mir ausbreitete. Alle Gedanken an Rache, alle Vorwürfe und Beschuldigungen diesen Leuten gegenüber verschwanden aus meinem Denken und es ging mir besser, seelisch und körperlich.

An einem Abend fragte Beate mich: „Kannst du auch dem Mörder von Steffi vergeben?"

Ich dachte nach, horchte in mich hinein – und dann sagte ich: „Nein, das kann ich nicht, das ist mir zu schwer. Was der mir angetan hat, das tut viel zu sehr weh!"

Du ahnst es schon – richtig, Beate entgegnete: „Jesus hat so viel für dich getan, am Kreuz, und er hat dir auch schon viel Heilung geschenkt. Er liebt dich so sehr, und du liebst ihn auch; du möchtest doch sicher nicht, dass irgendetwas zwischen euch steht?" Ich verstand, was sie meinte. Ich wusste auch, was in der Bibel darüber steht, wie Gott darüber denkt. Nein, auf keinen Fall sollte etwas zwischen Jesus und mir stehen! Aber diesem Mann vergeben – nein, dazu war ich nicht bereit. Noch nicht.

Beate schlug vor: „Vielleicht kannst du ihm aus Liebe zu Jesus und aus Gehorsam vergeben?" Wieder dachte ich nach: Ja, als Gehorsamsschritt konnte ich das tun, das kam zwar nicht aus meinem Herzen, aber es war ein Anfang. Also sprach ich ein paar Worte: „Ich vergebe diesem Mann, dass er meine Tochter betrogen, gequält, missbraucht, ermordet hat." Das war keine Herzensentscheidung, aber immerhin ein erster Schritt in noch mehr Freiheit.

# Steffis kleine Bibel

Kurz vor der Taufe kamen mir Zweifel, ob das, was ich tat, überhaupt richtig war. Immer wieder dachte ich an Steffi. Ich wusste ganz sicher, dass Nadine und ich gerettet waren und dass wir die Ewigkeit in Gottes wunderschöner, herrlicher Gegenwart würden verbringen dürfen. Aber was war denn mit Steffi? Würde sie auch dort sein? Würden wir sie in der Ewigkeit wiedersehen? War sie auch ein Kind Gottes?

Tief in meinem Herzen hatte ich gedacht: Ja, sie ist dort, im Tod ist sie in Gottes Hand gefallen. Aber durch das Bibellesen hatte ich die Bedingung dafür kennengelernt:

*Jesus erwiderte: „Ich versichere dir:*
*Wenn jemand nicht von neuem geboren wird,*
*kann er das Reich Gottes nicht sehen."*
*Johannes 3,3*

*Jesus sagt auch:*
*Ich bin der Weg, die Wahrheit und das Leben,*
*Niemand kommt zum Vater außer durch mich.*
*Johannes 14,6*

*Der Apostel Paulus schrieb:*
*Weil Gott so gnädig ist, hat er euch durch den Glauben gerettet.*
*Und das ist nicht euer eigenes Verdienst;*
*es ist ein Geschenk Gottes.*
*Ihr werdet also nicht aufgrund eurer guten Taten gerettet,*
*damit sich niemand etwas darauf einbilden kann.*
*Epheserbrief 2,8–9*

– und so wuchsen meine Zweifel, ob ich Steffi im Himmel wiedersehen würde.

Wenn ich mit Leuten in der Gemeinde darüber sprach, erhielt ich als Antwort meistens die letzte Bibelstelle. Das machte mich traurig, es stürzte mich fast wieder in Depressionen. Ich dachte: Für mich macht das alles mit Taufe und Jesus-nachfolgen keinen Sinn, wenn ich nicht weiß, was mit Steffi ist – sie war mir in diesem Moment wichtiger als ich selber.

Überall suchte ich nach Antwort, bekam aber immer nur diese für mich deprimierenden Antworten. Ich fing an, mit Jesus zu hadern.

Hatte ich nicht einmal eine Vision von ihr gesehen, die mich glauben machte, dass Steffi ganz nah bei Gott war? Was stimmte denn nun? Was sollte, oder: was konnte ich glauben??

Es war in einem Gottesdienst in der evangelischen Kirche nach Steffis Tod. Ich hörte der Predigt von Pfarrer Jost zu, saß mit offenen Augen da und schaute nach vorne, in seine Richtung; da bemerkte ich mitten in der Kirche etwas wie eine große weiße Filmleinwand. Dann geschah etwas Erstaunliches: Auf dieser Leinwand erschien Steffis Gesicht! Ganz groß, es füllte fast die ganze Kirche.

Sie sagte kein Wort, aber sie war wunderschön – ihr Lächeln, ihre Augen leuchteten und strahlten einen tiefen Frieden aus. Steffi sah so glücklich und wunderschön aus, dass ich dachte: So kann nur jemand aussehen, der ganz nah bei Gott ist und bei ihm *lebt*. Ihr Anblick erfüllte mich mit tiefer Freude und Dankbarkeit. In diesem Augenblick wusste ich: Es geht Steffi sehr, sehr gut und sie ist bei

Gott. Was für eine Gnade, dass ich das erleben durfte! In diesem Bild lag ein tiefer Trost; mich erfüllten Freude und Dankbarkeit, dass ich sie sehen durfte.

Auf dem Heimweg sagte ich immer wieder: „Danke, Gott, dass ich jetzt weiß, dass Steffi bei dir ist und dass es ihr sehr gut geht. Danke, Danke, Danke!" Dieses Bild von ihr hat sich ganz tief in mein Herz eingeprägt, ich werde es mein Leben lang nie vergessen.

Aber jetzt, mit meinem neuen Wissen aus der Bibel, nahmen die Zweifel überhand und wurden stärker als das, was ich gesehen hatte. Ich saß auf dem Sofa und weinte und schrie zu Jesus: „So kann ich nicht weitermachen, wenn ich nicht weiß, was mit Steffi ist. Werde ich sie wiedersehen?? Sonst hat das alles keinen Sinn mehr für mich!"

Da spürte ich, dass Jesus mich bei der Hand nahm, mich vom Sofa hochzog und zum Wohnzimmerschrank führte. Ich griff hinein, da, wo die Bücher standen – und was hatte ich in der Hand? Eine kleine Gideon-Bibel, die ich einmal beim Aufräumen in Steffis Zimmer gefunden hatte! Ich hatte nicht gewusst, dass sie in diesem Schrank war; Jesus hatte meine Hand geführt. Ich schlug die Bibel auf, zu meinem großen Erstaunen genau auf der Seite, wo Steffi mit elf Jahren das Gebet unterschrieben hatte, durch das sie Jesus Christus als Herrn und Erretter aufnahm, ihn um Vergebung ihrer Sünden bat und so ein Kind Gottes wurde.

Ich traute meinen Augen kaum. Ich spürte, dass Jesus im Raum war und neben mir stand. Ich hatte etwas getan, das ich nicht geplant hatte; es war so geführt, dass es einfach geschehen musste! Ich war völlig überwältigt von der Liebe Gottes! Jesus sprach zu mir: „Schau, hier steht es schwarz auf weiß. Ich habe für alles gesorgt, Steffi ist bei mir, ihr geht es gut und du kannst ganz ruhig sein."

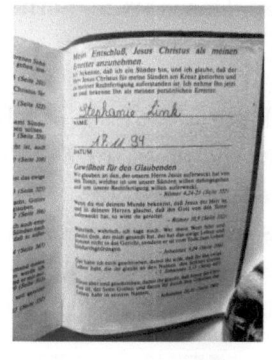

Dann kam die Freude an – denn jetzt erkannte ich, welche Kostbarkeit in diesem Geschenk lag, in Steffis Bibel, und war überwältigt von der großen Liebe, die Jesus mir gerade erwiesen hatte. Meine Worte reichen nicht aus, um auszudrücken, was ich in diesem Augenblick empfand. Ich war einfach überwältigt von so viel Liebe!

In einem Augenblick hatte Jesus alle Zweifel und alle Depression in mir ausgelöscht. Schwarz auf weiß – kein Zweifel mehr! Was für ein Wunder! Freude überkam mich, Dankbarkeit, Liebe. Was hatte Jesus in den letzten Wochen und Monaten nicht schon alles für mich getan, und jetzt das, welche Herrlichkeit!

Und noch etwas stieg in mir auf: ein tiefes Vertrauen. In diesem Moment *wusste* ich: Es gibt nichts, was für Jesus unmöglich wäre! Und: Er sorgt vor, er sorgt für uns. Vor Jahren hatte er schon dafür gesorgt, dass ich eines Tages diese Bibel finden würde und die Unterschrift unter dem Gebet, und damit wollte er mich ganz besonders trösten. Das stärkte meinen Glauben auf eine tiefe Weise!

In diesem Moment wusste ich: Egal, was in meinem Leben geschehen wird – Jesus kann ich vertrauen. Egal, wie es gerade aussieht, ich weiß: Jesus ist immer bei mir und er meint es immer gut mit mir. Er hilft mir immer und aus jeder noch so schlimmen Situation kann er etwas sehr Gutes machen.

## Mit offenen Armen

Oft fragen wir Menschen nicht nach Gott, wollen nichts von ihm wissen. Wir weisen ihn zurück, lehnen ihn ab, beschimpfen und verspotten ihn sogar. Wenn dann aber etwas Schlimmes geschieht, klagen wir ihn an und fragen: Gott, wo bist du gewesen, warum passiert etwas so Schlimmes?

Das ist Gott gegenüber sehr ungerecht, ihm dann noch an allem die Schuld zu geben: „Wie kann ein liebender Gott so etwas zulassen?!"

Fragen wir uns doch einmal: Wie haben wir uns denn ihm gegenüber die ganze Zeit verhalten? Obwohl wir Gott so oft Unrecht tun, wartet er geduldig darauf, dass wir uns besinnen und ihn in unser Leben einladen.

Wenn wir das tun, fragt er nicht, warum wir so lange nichts von ihm wissen wollten, sondern er steht mit offenen Armen da, um uns willkommen zu heißen und an sein Herz zu drücken. Gott freut sich, wenn wir zu ihm kommen und ihn um Hilfe bitten.

Welcher Mensch wäre zu solcher Größe fähig? Welcher Mensch würde uns trotz und mit all unseren Fehlern und Bosheiten so kompromisslos und bedingungslos lieben und wäre bereit, uns sofort liebevoll aufzufangen, uns in die Arme zu nehmen und sich darüber zu freuen, dass wir uns ihm anvertrauen?

Jesus sagt:
*Ja, ich bin das Tor.*
*Wer durch mich hineingeht, wird gerettet werden.*
*Wo er auch hinkommt, wird er grüne Weiden finden.*
*Ein Dieb (der Teufel) will rauben, morden und zerstören,*
*Ich aber bin gekommen,*
*um ihnen das Leben in ganzer Fülle zu schenken.*
*Johannes 10,9–10*

Genau das habe ich erlebt: Jesus ist in mein Leben gekommen, um mir ein Leben in Fülle zu schenken – da, wo keiner damit gerechnet hätte, als ich total am Ende war. Als ich ihn um Hilfe anrief, war er da, um mich zu retten, mich zu heilen, mir zu helfen. Mich zu lieben. Mich zu trösten. Mit mir Gemeinschaft zu haben. Bei mir zu sein.

Die Gideon-Bibel vor Augen, sagte ich: „Jesus, von heute an vertraue ich dir in allem, was auch immer in meinem Leben geschehen mag. Ich weiß: Du bist immer für mich da, du hilfst mir, du liebst mich so, wie ich bin, und du bist für mich. Was könnte mir Besseres geschehen?" Ja, das hat meinen Glauben gestärkt.

„Jesus, ich will nur noch mit dir leben. Vielen Dank für alles! Und ich wünsche mir, dass viele Menschen dich auch so kennenlernen können, wie ich dich kennengelernt habe."

## „Sage ihnen, dass ich sie liebe!"

Der Tauftag kam, und voller Freude ließ ich mich taufen. Voller Freude und Zuversicht bin ich in mein neues Leben gestartet, zusammen mit Jesus, im Glauben und Vertrauen auf ihn allein.

Sehr bald wurde ich in den Gebetsdienst meiner Gemeinde aufgenommen; nach jedem Gottesdienst standen einige von uns bereit und wer eine Not hatte – oder auch einfach einen Segenszuspruch brauchte –, kam zu uns. In diesem Dienst habe ich für viele Menschen beten dürfen und Heilungen, Wunder, Gebetserhörungen erlebt.

Eines Tages gab Jesus mir einen Auftrag. Auf unterschiedliche Weise sagte er immer wieder:

„Ursula, sage ihnen, dass ich sie liebe!
Sage ihnen, dass ich sie liebe."

Da ich so erfüllt war mit seiner Liebe und wusste, wie wunderschön es ist, so geliebt zu werden, fiel mir die Antwort leicht: „Ja, Jesus, das mache ich sehr gerne."

Seitdem versäume ich keine Gelegenheit, in Gesprächen mein Gegenüber zu fragen: „Weißt du eigentlich, wie sehr Jesus dich liebt?"

Das sage ich jetzt auch zu dir, lieber Leser: Weißt du eigentlich, wie sehr Jesus *dich* liebt? Ganz egal, wie du dich gerade fühlst, wie deine Umstände sind oder wie es dir gerade geht: Jesus liebt dich so, wie du bist. Er möchte dich so gerne trösten, dich lieben, mit dir lachen, sich mit dir freuen, aber auch mit dir weinen und dich in deiner Traurigkeit begleiten. Er möchte, dass du weißt: Er ist immer für dich da und er ist bei dir.

## Eine offene Rechnung

Ich erlebe so viel Freude, dass ich es mir nicht mehr so zu Herzen nehme, wenn es wieder 'mal schwer wird mit den lieben Mitmenschen, die mir nicht nur freundlich gesinnt sind (das kommt auch vor), oder wenn es mal wieder schwierig wird im Leben. Der tiefe Friede Gottes ist in mir und gibt mir Kraft.

Ich weiß, wie wichtig es ist, immer wieder zu vergeben; ich spüre die heilende, befreiende Kraft, die in der Vergebung liegt und in der Fürbitte für die, die einem Unrecht getan haben. So wurde mir das Vergeben zu einem Lebensstil.

Aber ich wusste auch, dass es da noch einen Menschen gab, dem ich bisher nicht von Herzen vergeben konnte – hier musste ich noch eine Entscheidung treffen; Jesus erinnerte mich immer wieder daran. Liebevoll, langmütig, geduldig wartete er, bis ich so weit war – nicht ohne mich immer wieder zu ermahnen. Er zeigte mir in seinem Wort, der Bibel, wie dringlich und unabdingbar es ist, dass wir *jedem* vergeben.

Besonders laut vernahm ich diese Ermahnung, wenn ich in Matthäus 18,21–35 die Geschichte vom „Schalksknecht" las – hier eine Zusammenfassung:

Der König hatte diesem Knecht eine astronomisch hohe Schuld erlassen, der aber forderte von einem seiner Mitknechte eine viel geringere Schuld gewaltsam zurück, denn er ließ ihn in den Schuldturm werfen. Als der König das hörte, ließ er den Schalksknecht ins Gefängnis werfen; er war mit ihm barmherzig gewesen, der aber war es mit seinem Mitknecht nicht – er hatte ihm die viel kleinere Schuld nicht vergeben wollen. Die Folge: Der König gab den Folterknechten Anweisung, den Schalksknecht so lange zu quälen, bis der seine ganze Schuld bezahlt hätte – nämlich nie, denn diese Schuld war so unvorstellbar hoch, die hätte er niemals begleichen können!

Durch dieses Gleichnis zeigt Jesus, dass er uns eine Schuld erlassen hat, die so groß ist, dass wir sie nie hätten selber begleichen können. Nun ist die Frage: Können und wollen wir unserem „Nächsten" etwas wesentlich Geringeres vergeben? Und was ist die Konsequenz, wenn wir das nicht tun? Wir werden ins Gefängnis geworfen und den Folterknechten ausgeliefert:

*Genauso wird mein Vater im Himmel mit euch verfahren,*
*wenn ihr euch weigert,*
*euren Brüdern und Schwestern zu vergeben.*
*Matthäus 18,35*

Wenn ich das las, dachte ich daran, dass ich auch eine offene Rechnung hatte: Ich hatte Steffis Mörder noch nicht vergeben! Aber diesen Folterknechten wollte ich nie wieder ausgeliefert sein, hatte ich sie doch schon kennengelernt in meinen Albträumen seit Steffis Tod: Da waren furchtbare Gestalten, die mich und meine Lieben grausam quälten. Ich hatte schlimmste Träume von ekligen, grauenhaften Gestalten – Dämonen, Teufel, alles suchte mich heim. Ich dachte: Damals habe ich in die Hölle geschaut, und da will ich niiiieee wieder hin!!

Wenn ich also diese Bibelstelle las, sagte Jesus zu mir: „Da hast du noch etwas zu erledigen! Es ist deine Entscheidung, Ursula, die kann ich dir nicht abnehmen. Die muss ich dir überlassen. Ich lasse dir Zeit und ich helfe dir, aber zögere die Entscheidung zu vergeben nicht zu lange hinaus, es kann auch ganz schnell mal zu spät sein und dann hast du keine Möglichkeit mehr dazu. Dann ist es zu spät." Was das bedeutete, dessen war ich mir sehr bewusst.

# Vergebung für einen Mörder

Mein Hunger, immer mehr über Jesus zu lernen und ihm näherzukommen, führte mich 2005 ins österreichische Imst zu einer Frauenkonferenz bei Maria Prean. Sie erklärte uns eines Tages, überraschend sei ein guter Freund von ihr eingetroffen, der würde am Nachmittag zu uns Frauen sprechen. Er sei messianischer Jude und in einem Konzentrationslager zur Welt gekommen; dort waren an Frauen und Kindern grausame Versuche durchgeführt worden.

Ich war nicht in der Lage, solche schlimmen Geschichten anzuhören, in denen Menschen oder Tiere leiden mussten! „Jesus, ich weiß nicht, ob ich das ertragen kann, ob ich da dabei sein möchte." Aber Jesus antwortete mir: „Doch, Ursula, ich möchte, dass du dir seine Predigt anhörst, du wirst die Kraft dazu haben."

Also ging ich zu der Veranstaltung – und tatsächlich: Ich hatte die Kraft, alles anzuhören, was der Sprecher erzählte, ohne in Tränen auszubrechen. Ich war innerlich tief bewegt. Er erzählte, wie er und seine Mutter nach Jahren des Leidens gerettet wurden; danach wanderten sie nach Amerika aus und lernten Jesus kennen. Durch ihn sind sie geheilt worden – so weit geheilt, dass er eines Tages nach Deutschland zurückging, in jenes Konzentrationslager, und auf Knien denen vergab, die ihm und seiner Mutter all dieses Furchtbare angetan hatten. Am Ende seiner Predigt fragte er uns, ob wir Frauen auch bereit seien, denen zu vergeben, die uns wirklich schwer verletzt hätten.

Ja, jetzt war ich bereit. Nach all der Vorbereitung durch Jesus und nach dieser Predigt, nach diesem Lebensbericht war ich so weit, dass ich mich ganz klar entschieden habe aufzustehen, Jesus meine Hände entgegenzustrecken und zu sagen: „Jesus, heute vergebe ich dem Mörder von Steffi aus vollem und ganzem Herzen." Dieses Gebet kam aus dem tiefsten Inneren meines Herzens, mir war es hundertprozentig ernst. Das war möglich geworden durch die Liebe Jesu, die ich jeden Tag erlebte, durch die Kraft, die er mir damit gab.

Was für ein Wunder!

Und es fühlte sich *so* gut an! Nochmals fielen Lasten von mir ab, ich war frei und glücklich, eine große Freude erfasste mich, Halleluja, es ging mir so gut! Ich weiß nicht, wann ich mich jemals in meinem Leben so gut gefühlt hatte; mir wurde klar, dass durch das Aussprechen der Vergebung in mir vollständige Heilung stattgefunden hatte und eine vollständige Versöhnung mit meiner Vergangenheit.

Seitdem ist kein Schmerz mehr da, wenn ich an Steffi denke. Keine Bitterkeit, kein Leid, keine Trauer – ich weiß: Jesus hat alles wiedergutgemacht. Steffi ist an dem schönsten Ort, den es gibt; mit all meiner Liebe könnte ich ihr den hier auf der Erde nie bieten! Es geht ihr gut, sie ist wunderschön und glücklich, darf in Gottes herrlicher Gegenwart leben. Sie ist bereits in der Ewigkeit angekommen und wartet dort auf uns. Sie ist im Glauben an Jesus gestorben, jetzt gehört sie zu der Wolke der Zeugen, die uns vom Himmel aus beobachten und uns ermutigen und anfeuern. Steffi ist in Gottes ewigem Reich.

Klar: Ich vermisse sie. Sie fehlt mir. Ich denke manchmal, wie es wohl wäre, wenn sie bei uns geblieben wäre, wie unser Leben dann vielleicht aussehen würde. Aber diese Gedanken sind nur von kurzer Dauer; die Freude über all das, was Jesus für uns getan hat, überwiegt alle diese Gedanken. Und das ist sehr, sehr gut so.

*Da wir von so vielen Zeugen umgeben sind,*
*die ein Leben durch den Glauben geführt haben,*
*wollen wir jede Last ablegen, die uns behindert,*
*besonders die Sünde, in die wir uns so leicht verstricken.*
*Wir wollen den Wettlauf bis zum Ende durchhalten,*
*für den wir bestimmt sind. Dies tun wir,*
*indem wir unsere Augen auf Jesus gerichtet halten,*
*von dem unser Glaube vom Anfang bis zum Ende abhängt.*
*Hebräerbrief 12,1–2*

## Das Vorstellungsgespräch

In den Tagen nach diesem einschneidenden Erlebnis dachte ich immer wieder: Ich glaube, dass das Aussprechen der Vergebung Konsequenzen für mein Leben haben wird. Diese Gedanken kamen sehr intensiv. Ich hatte ja bereits gelernt, dass ein Leben mit Jesus nie langweilig ist, sondern voller Überraschungen; deshalb dachte ich: Ich bin mal gespannt, was daraus wird. Aber ich wartete ab, denn solche Dinge kann man nicht „machen", sie kommen überraschend.

Zwei Jahre später kam ich in Freiburg in eine neue Gemeinde. Wie es dazu kam, könnte ich gar nicht richtig sagen, jedenfalls hatte ich mich in meiner Gemeinde in Bad Krozingen wirklich wohlgefühlt; aber irgendwie hatte ich gemerkt, dass es jetzt so sein sollte. In dieser Zeit wechselte Nadine auch in diese Gemeinde, so gingen wir wieder gemeinsam zum Gottesdienst.

Ich nahm am Gemeindeleben teil und bald erfuhr ich, dass es da Geschwister gab, die ins Freiburger Gefängnis gingen. Sie gehörten zum Schwarzen Kreuz, einem überkonfessionellen Straffälligendienst. Auch der Pastor der neuen Gemeinde gehörte dazu.

Eines Tages besuchte ich den Pastor. Damit er mich kennenlernt, erzählte ihm meine Geschichte, wie ich zum Glauben gekommen war und was Jesus schon alles in meinem Leben getan hatte – und zum Schluss sagte ich noch: „Vielleicht hat Jesus mich ja in eure Gemeinde gebracht, damit ich mit euch zusammen in das Gefängnis gehe?" Er musste nicht lange überlegen: „Ja, okay, komm doch mit." Ups, da habe ich mich doch vielleicht etwas zu weit aus dem Fenster gelehnt?, dachte ich, und sagte: „Oh, ja, ich bete mal darüber, damit ich auch wirklich weiß, ob ich das tun soll."

Aber ganz tief in meinem Herzen war mir klar: Genau das war der Dienst, auf den Jesus mich vorbereitet hatte! Für diesen Dienst war ich qualifiziert, weil ich vergeben hatte. Ja, ich war bereit.

Der nächste Schritt war ein Vorstellungsgespräch bei dem Leiter der Ortsgruppe, Martin. Ich erzählte auch Martin, was ich erlebt hatte, und als ich fertig war, antwortete er:

„Ursula, von Berufs wegen habe ich damals euren Fall intensiv verfolgt. Das war ja wirklich ganz furchtbar, was da passiert ist – und jetzt sitzt du hier vor mir und möchtest mit mir ins Gefängnis gehen? Weißt du, dass das ein reines Männergefängnis ist? Ein Hochsicherheitsgefängnis? Da sitzen Männer mit schwersten Straftaten: Mörder, Kinderschänder, Sicherheitsverwahrte und viele andere. Mutest du dir nicht zu viel zu?"

Aber er habe bei meinem Bericht auch gespürt, dass ich eine vollständige Heilung erlebt habe; deshalb freue er sich, mich als neue Mitarbeiterin begrüßen zu können. Er werde mich anmelden bei der Gefängnisverwaltung, damit ich die Erlaubnis bekomme, als ehrenamtliche Mitarbeiterin ins Gefängnis zu gehen; aber sie müssten mich überprüfen und das könne einige Wochen dauern. Inzwischen dürfe ich gerne zu den Gebetstreffen kommen, dann würde ich die anderen kennenlernen und bekäme schon einen Einblick in die Vorbereitungen.

Ich war einverstanden und gab ihm alle Daten, die er brauchte. Zum Schluss meinte er, er habe gerade Besuch, einen ehemaligen Gefangenen, einen mehrfachen Mörder, der im Gefängnis Jesus kennengelernt und seine Strafe abgesessen habe, den würde er mir gerne vorstellen. Okay, dachte ich, das ist jetzt ein Test – er will sehen, wie ich mich diesem Menschen gegenüber verhalte, von dem ich weiß, dass er ein Mörder ist. Das wollte ich selber aber auch gerne wissen: Wie reagiere ich auf jemanden, von dem ich so etwas weiß? Also sagte ich, ich würde den Mann gerne kennenlernen, und er holte seinen Gast.

Es kam ein älterer, sehr freundlicher, netter Herr herein, wir begrüßten uns und dann unterhielten wir uns, als würden wir uns schon jahrelang kennen. Während ich mich mit dem Mann unterhielt, spürte ich in meinem Herzen ganz stark einen warmen Strom von Liebe, den ich meistens dann spüre, wenn Jesus und ich gemeinsame Zeit verbringen.

Für Martin bestand ich wohl den Test, und mir hat er gezeigt, dass es für mich nicht mehr wichtig ist, was jemand getan hat; ich kann staunen, was ein Mensch aus seinem Leben machen kann, besonders, wenn er sich ganz auf Jesus einlässt. Das war eine gute und neue Erfahrung.

Auf dem Heimweg fragte ich Jesus: „Was war das, dass ich bei dem Gespräch deine starke, schöne Liebe in meinem Herzen gespürt habe?" Jesus antwortete mir: „Das ist die Liebe, die ich zu diesen Menschen habe – und ich möchte, dass du sie an diesen dunklen Ort bringst." Diese Antwort war überwältigend – dass Jesus mir *das* zutraute!

Ich begann, mich auf diesen neuen Dienst zu freuen, aber die Genehmigung ließ auf sich warten. Nach Wochen stellte sich auf Anfrage heraus, dass sie auf dem Dienstweg verloren gegangen war; der Antrag musste neu gestellt werden – also wieder einige Wochen warten …

# Die Freizeit

In dieser Wartezeit fand im Schwarzwald eine Freizeit statt vom Schwarzen Kreuz für ehemalige Gefangene, Angehörige von Gefangenen und die Mitarbeiter mit ihren Familien – mit Frauen und Kindern! Das schien mir zunächst gewagt, aber dann dachte ich: Naja, sie werden schon wissen, was sie machen. Ich nahm auch teil.

Wie überrascht war ich, so viele beeindruckende, nette, herzliche Menschen kennenzulernen, die voller Freude erzählten, wie sehr Jesus ihr Leben zum Guten verändert hatte, und wie dankbar sie seien für die neue Chance, die er ihnen gegeben habe. Ich war total begeistert! Mein Pastor – auch er war mit Frau und Kindern gekommen – predigte zweimal am Tag. An einem Abend wurde ich gebeten, mein Zeugnis zu erzählen.

Hinterher stand ein junger Mann etwas abseits und weinte. Ich sah es, ging zu ihm und fragte, was mit ihm los sei. Er sagte: „Weißt du, ich bin ein ehemaliger Neonazi. Ich war ein ganz brutaler Typ und habe im Drogenrausch auch einen Menschen ermordet. Ich möchte das so gerne wiedergutmachen, aber ich weiß nicht, wie."

Wie immer hatte ich Steffis Gideon-Bibel dabei; die zeigte ich ihm: „Schau mal, Jesus ist mit meiner Tochter seinen Weg gegangen. Vertraue du ihm, dass er mit deinem Opfer auch so einen Weg gegangen ist, und nimm du jetzt das neue Leben an, das Jesus dir geschenkt hat, und mach was draus." Ich betete für ihn und er beruhigte sich. Dann fragte er mich: „Darf ich mal fragen, wie der Mann heißt, der deine Tochter ermordet hat?" Ich nannte ihm den Namen und er schaute mich mit ganz großen Augen an: „Mit dem war ich zusammen in einer Zelle!"

Oh, da musste ich erst mal schlucken, das kam doch sehr überraschend – damit hatte ich überhaupt nicht gerechnet. Er erzählte von dem Zusammenleben mit diesem Mann im Gefängnisalltag.

Später, in meinem Zimmer, sagte ich zu Jesus: „Also, dass ich jetzt ins Gefängnis gehe, das ist eines; ich weiß, dass du mich darauf vorbereitet hast, und ich weiß, dass du mit mir gehst; da habe ich keine Angst. Aber zu erfahren, dass dieser Mann in Freiburg ist, und von ihm zu hören, das war doch nicht so einfach für mich. Was möchtest du mir damit sagen?" Jesus antwortete: „Du sollst wissen, dass dieser Mann in Freiburg ist – und du wirst ihm begegnen."

In diesem Moment wusste ich: Jesus wird mich nie in eine Situation hineinlaufen lassen, auf die ich nicht vorbereitet bin und die mich überfordern könnte. Auf seine einzigartige, liebevolle Weise bereitet er mich immer vor auf das, was er mit mir zusammen tun möchte. Dies war wieder eines von seinen besonderen Wundern; ich begriff: Der verlorengegangene Antrag, meine Teilnahme an dieser Freizeit, die Begegnung mit dem jungen Mann – lauter Wunder! So wirkt Jesus, auch wenn wir es nicht immer gleich erkennen.

So wurde ich ganz ruhig, ich bedankte mich bei Jesus und konnte mich auf die Begegnung vorbereiten: Ich überlegte mir, was ich dem Mann sagen wollte, wenn ich ihm begegnen würde. Bis dahin hatte ich nicht gewusst, in welchem Gefängnis in Deutschland der Mann untergebracht war; aus Sicherheitsgründen wird das vor den Angehörigen der Opfer geheim gehalten. Doch jetzt war ich vorbereitet.

Keine zwei Wochen nach dieser Freizeit kam meine offizielle Erlaubnis, als ehrenamtliche Mitarbeiterin mit der Gruppe vom Schwarzen Kreuz das Freiburger Gefängnis zu besuchen und auch sonntags an den Gottesdiensten teilzunehmen.

# Im Gefängnis

So ging ich gleich am nächsten Termin mit der Gruppe ins Gefängnis. Ich war aufgeregt: Was erwartet mich, wie wird das wohl werden? Aber ich wusste ja, dass Jesus an meiner Seite ist.

An der Pforte mussten wir den Ausweis abgeben und bekamen den Schlüssel fürs Schließfach. Dort mussten wir die Wertsachen einschließen – Geld, Handy, Schlüssel; außer Bibel und Brille darf man nichts mit hineinnehmen. Dann kam der erste Check, wie am Flughafen: Man musste durch einen Metalldetektor durchgehen, gleich zweimal. Die Schuhe wurden durchleuchtet und sogar die Bibel und das Brillenetui! Dann durften wir im Besucherraum Platz nehmen und warten, bis ein Beamter kam und uns in ein anderes Gebäude brachte zu dem Treffpunkt mit den Gefangenen. Manchmal wurde man im Besucherraum noch von einem Drogenspürhund beschnüffelt. Das war alles neu für mich und aufregend.

In einem großen Raum mit Tischen und Stühlen ähnlich wie in einer Schule warteten schon die Gefangenen, die sich für die „Christliche Gruppe" angemeldet hatten. Ich wurde vorgestellt, alle begrüßten sich. Nach dem Lobpreis hielt ein Mitarbeiter vom Schwarzen Kreuz eine Ansprache, eine Kurzpredigt, danach war Zeit für Fragen zu den biblischen Texten, und dann beteten wir für die Männer.

Von den meisten wurde ich sehr freundlich, herzlich und liebevoll aufgenommen; das empfand ich als angenehm. Viele der Männer hatten so eine Freude und so viel Liebe; sie waren dankbar, dass wir unsere Freizeit bei ihnen verbrachten und ihnen von Jesus erzählten und sie in der Nachfolge anleiteten. Andere folgten Jesus zwar nicht von Herzen nach, wollten aber mehr über ihn wissen, und manche wollten einfach auch nur mit netten Leuten eine Weile in einer angenehmen Atmosphäre verbringen, denn das war im Gefängnisalltag selten.

Die Gefangenen kochten vorher in ihren Zellen Kaffee und brachten ihn mit; oft gab es Kuchen, den besorgten meistens die Gefängnisseelsorger – so war auch für das leibliche Wohl gesorgt. Wir durften nichts mitbringen, konnten aber einen Geldbeitrag leisten.

Diese Zeit wurde mir sehr kostbar. Ich freute mich jede Woche neu auf die Begegnung mit den Gefangenen. Wenn wir nach dem Treffen wieder gehen mussten, tat mir das richtig leid; bei manchen Gefangenen dachte ich: Die könnten doch eigentlich mit uns gehen, was machen die denn überhaupt hier drin?! Bei anderen wiederum spürte ich, dass sie von Mächten der Finsternis stark gebunden waren, es ihnen aber nicht wirklich ernst damit war, davon frei zu werden. Bei unseren privaten Gebetstreffen beteten wir viel für diese Männer – um Durchbrüche, um Glauben, um echte Buße und Umkehr.

Ab und zu kamen Neue dazu; oft waren diese Männer sehr verzweifelt. Sie spürten, dass sie mit eigener Kraft nicht aus ihrer Situation herauskamen, waren oft hoffnungslos und am Ende ihrer Kraft, hatten keine Perspektive mehr für ihr Leben oder quälten sich mit Selbstmordgedanken. Ich sah verbitterte, verschlossene, harte Gesichtszüge, innere Leere.

Es war etwas Besonderes, diesen Menschen sagen zu dürfen: „Es gibt jemanden, der liebt dich so, wie du bist, von ganzem Herzen. Es gibt jemanden, der dir vergeben will, der dir hilft, wenn du dich ihm anvertraust – er heißt Jesus Christus." Wenn sie dann ernsthaft darum baten, ihnen den Weg zu Jesus zu zeigen, und eine Lebensübergabe vollzogen, dann erklärten wir ihnen, wie man sein Leben führt, wenn man Jesus liebt. Besonders kostbar war für mich, ihnen Jesu Vergebung zu-zusprechen; ich spürte jedes Mal, dass ich dafür eine ganz besondere Salbung hatte.

Wer ganze Sache mit Jesus machte, der erlebte, dass Jesus tatsächlich für ihn da war und dass er ihm half, ein neues Leben zu beginnen. So hatte ich das ja auch selber erleben dürfen.

Von Woche zu Woche sah man, dass sich etwas tat, dass Veränderung geschah: Die Gesichtszüge entspann-ten sich, die Augen strahlten, es kam wieder ein Lächeln, sie fanden Freude und Frieden, neue Lebensqualität und Hoffnung.

Leider waren nicht alle dazu bereit; aber wir freuten uns, wenn sie dennoch kamen, um das Wort Gottes zu hören, und wir mit ihnen beten konnten.

Es blieb nicht lange verborgen, dass ich als Opfer zu ihnen – den Tätern – kam, um ihnen zu helfen und ihnen die Liebe von Jesus zu bringen; das machte unsere Beziehung noch kostbarer und einzigartiger. Daraus sind einige bereichernde Freundschaften entstanden; auch sonst war dieser Dienst nicht nur für die Männer ein Segen, sondern auch für mich. Manchmal sagten sie zu mir: „Weißt du, wir sind hier eingesperrt, aber das ist nur der Körper; im Herzen sind wir jetzt frei." Ist das nicht ein großartiges Lob für unseren Gott?!

# Kommt „er" auch?

Natürlich wollte ich wissen, ob auch „er" in unserer Gruppe kam, also fragte ich nach Steffis Mörder.

An sein Aussehen konnte ich mich nicht mehr erinnern, es waren ja schon einige Jahre vergangen, seit ich ihn bei der Verhandlung gesehen hatte, und das war für mich eine Extremsituation gewesen. Sie kannten ihn. „Nein, er kommt nicht in unsere Gruppe. Es ist auch besser, wenn du ihm nicht begegnest. Der Mann ist brutal und jähzornig; außerdem hat er Krebs, der streut schon im ganzen Körper; er hat nicht mehr lange zu leben." – „Genau deshalb: Ladet ihn bitte ein, in unsere Gruppe zu kommen, ich habe ihm etwas sehr Wichtiges zu sagen."

Aber der Mann kam nicht.

Weihnachten 2008 – ich spürte, dass nicht mehr viel Zeit war.

An Heiligabend setzte ich mich hin und schrieb dem Mann einen Brief, mit allem, was ich ihm sagen wollte, auch dem Gebet, mit dem man Jesus in sein Leben einladen kann. Diesen Brief schickte ich an einen lieben Bruder im Gefängnis mit der Bitte, zu dem Mann zu gehen und ihm den Brief vorzulesen und das Gebet mit ihm zu beten. Ich schrieb ihm: „Bitte, bete mit ihm, ganz egal, auch wenn du denkst, dass er dich nicht versteht oder nicht darauf reagiert. Bitte, bete mit ihm!"

Mitte Januar war die Weihnachtspause um und wir gingen wieder zum Bibelkreis ins Gefängnis. Der Bruder kam auf mich zu und sagte mit großem Bedauern: „Ursula, ich habe bei der Gefängnisverwaltung drei Anträge gestellt, dass sie mich auf die Krankenstation zu dem Mann lassen, aber alle drei Anträge wurden abgelehnt. Ich kann dir leider nicht helfen."

In dem Moment wusste ich ganz sicher, dass ich dem Mann noch begegnen würde; so sagte ich zu Jesus: „Jesus, ich bin wirklich gespannt, wie du das machst!"

# Von höchster Stelle vorbereitet

Es vergingen keine zwei Wochen, da kam ein Anruf vom Oberstaatsanwalt – ob ich bereit wäre, meine Zustimmung zu geben, sie würden diesen Mann mit Krebs im Endstadium zum Sterben nach Hause entlassen. Es berührte mich, dass er mich um Zustimmung bat, und antwortete, ich sei einverstanden. Ich dachte nach: Wenn ich diesem Mann nicht im Gefängnis begegnen konnte, dann könnte ich ihn doch zu Hause besuchen!? Also fragte ich den Oberstaatsanwalt nach der Adresse des Mannes, ich hätte ihm etwas äußerst Wichtiges mitzuteilen. Er antwortete: „Das kann ich nicht sofort entscheiden. Ich denke darüber nach, Sie hören von mir." Okay, das klang schon mal nicht schlecht.

Später erfuhr ich, dass der Oberstaatsanwalt nach unserem Telefonat in die Teeküche ging; dort saß gerade ein anderer Staatsanwalt, ein Christ. Wir kannten uns nur vom Sehen; jedoch: Am vorletzten Sonntag war dieser Staatsanwalt bei uns im Gottesdienst gewesen, und genau da hatte mein Pastor mich gebeten, mein Zeugnis zu erzählen, er wollte nämlich über Vergebung predigen. Nach dem Gottesdienst kam der Staatsanwalt auf mich zu: „Ich wusste ja gar nicht, dass *du* das bist, der dieses furchtbare Schicksal widerfahren ist. Umso mehr freue ich mich zu hören, dass Jesus dich geheilt hat und dass du und Nadine ihm jetzt nachfolgt und dass es euch gut geht. Wie schön, dass wir uns auf diese Weise kennen lernen!"

Genau dieser Staatsanwalt war also in der Teeküche, als der Oberstaatsanwalt hereinkam: „Sie glauben gar nicht, was ich gerade für ein Telefonat hatte. Da will sich doch die Mutter des Opfers mit dem Täter treffen! Was ist, wenn sie sich rächen will, das kann ich nicht verantworten!" Die Antwort: „Ich kenne die Frau. Die meint es ehrlich, Sie können der Begegnung ruhig zustimmen."

So musste ich nicht lange warten; der Oberstaatsanwalt rief mich wieder an und teilte mir mit, er sei einverstanden und ich solle mich mit der Frau des Mannes in Verbindung setzen.

Sie hatte ihm erlaubt, ihre Telefonnummer an mich weiterzugeben, und ich rief sie sofort an. Offensichtlich fiel es ihr schwer, mit mir zu reden. So sagte ich zu ihr: „Heute ist Donnerstag. Am Montag könnte ich Urlaub nehmen und mich mit Ihnen und Ihrem Mann treffen – ich habe Ihnen beiden etwas Wichtiges zu sagen; so haben Sie das Wochenende, um sich auf die Begegnung einzustellen, was meinen Sie dazu?" Ja, sie war einverstanden.

Der Donnerstag war noch nicht vergangen, da bekam ich abends einen Anruf – Martin, der Leiter unserer Schwarze-Kreuz-Gruppe, eröffnete mir: „Ursula, stell dir vor, ich weiß, in welchem Krankenhaus der Mann liegt! Heute rief mich ein christlicher Krankenpfleger an, Bernd*, und wollte wissen, was man getan haben müsse, um lebenslange Freiheitsstrafe zu bekommen. Er muss mindestens einen anderen Menschen umgebracht haben, antwortete ich; darauf Bernd: So jemand liegt nämlich auf meiner Station, er wird bewacht von Justizvollzugsbeamten."

Martin fragte: „Ist das der Soundso?" Bernd wunderte sich, dass Martin den Namen kannte, deshalb erklärte Martin dem erstaunten Krankenpfleger: es würden viele für diesen Mann beten, für eine besondere Begegnung. „Ursula, am besten gehst du noch an diesem Wochenende hin; wer weiß, ob der Mann am Montag noch lebt, oder ob man ihn verlegt, das ist alles möglich."

Es geschah so viel; ich dachte einen Moment nach und mir wurde klar, dass das alles kein Zufall sein konnte, so etwas kann auch kein Mensch organisieren. Jesus selber bereitete diese Begegnung vor, durch Zeichen und Wunder! Das berührte mich sehr, und ich spürte in meinem Herzen, wie wichtig Jesus dieses Treffen war. Er würde es nicht platzen lassen, nur weil ich den ordentlichen Weg ging.

So antwortete ich: „Martin, weißt du, das geht alles seinen offiziellen Weg. Ich warte den Montag ab und ich weiß, das wird gut."

# Die Begegnung

Am Montagmorgen machte ich mich wie vereinbart auf, zuerst zum Büro einer Sozialarbeiterin vom Gefängnis. Die Frau des Mannes wollte sich zunächst dort mit mir treffen. Wir unterhielten uns eine Weile, erzählten einander, wie es uns ergangen war; dann brachen wir zu dritt auf zum Krankenhaus und wollten uns in seinem Krankenzimmer wieder treffen. Vorher sagte die Sozialarbeiterin noch, es werde auch ein Gefängnisseelsorger anwesend sein, die Gefängnisverwaltung habe darauf bestanden.

Ja, ja, dachte ich, die befürchten wohl immer noch, ich könnte Dummheiten machen … Aber ich wusste, dass Jesus selber doch alles vorbereitet hatte, und wurde ruhig: Alles wird gut!

Angst hatte ich keine; aber ich fragte mich: Wie mag der Mann aussehen? Entstellt vom Krebs und den Operationen? Durch hohe Gaben von Morphium vielleicht nicht ansprechbar? In dieser Anspannung kam ich zum Krankenhaus; und was sah ich da? Da lief doch ein Glaubensbruder, ein Krankenpfleger, im Treppenhaus die Treppen hinunter und verschwand in einem Flur! Er sah mich nicht; aber mir war es, als sagte Jesus zu mir: „Ursula, sei nicht aufgeregt, ich bin bei dir – und dieser Bruder ist das Zeichen dafür, dass du nicht allein bist."

Halleluja, so sorgt Jesus für mich!

Der Seelsorger hatte den Mann vorbereitet – dass er Besuch bekommen würde, und von wem.

Als ich in sein Zimmer eintrat, lag der Mann im Bett. Er streckte mir seine Hand hin, ich ergriff sie, wir begrüßten uns – und dann sagte er ohne Umschweife: „Ich habe viel Mist gebaut in meinem Leben, und es tut mir leid."

Ich antwortete ihm: „Genau deshalb bin ich hier. Ich möchte Ihnen sagen, dass ich Ihnen vergeben habe und dass alles gut ist. Und da gibt es noch jemanden, der Ihnen auch vergeben will – Jesus Christus!", und fragte ihn, ob er bereit sei, Jesus sein Leben anzuvertrauen.

Bernd, der Krankenpfleger, hatte in den Tagen zuvor, wenn er in seinem Zimmer war, keine Gelegenheit versäumt, mit ihm und seiner Frau über die Ewigkeit zu sprechen – auf diese Weise hatte Gott die beiden bestens vorbereitet!

Wie er das denn tun könne, wollte er wissen. „Ich bete gerne für Sie", bot ich ihm an, und er antwortete: „Ja, bitte!"

Das Sprechen fiel ihm sichtlich schwer, also sprach ich ihm das ganze Gebet vor, mit dem er Jesus in sein

Leben einladen konnte, und fragte dann:
„Können Sie ‚Ja' sagen zu diesem Gebet?"

Schon die ganze Zeit hatten wir uns an den Händen gehalten; er hatte angefangen, meine Hand zu streicheln. Die Tränen liefen ihm über die Wangen und er sagte aus vollem und ganzen Herzen immer wieder: „Ja! Ja! Ja!"

Ich war glücklich! Ich spürte eine unbändige Freude und mich überkam eine tiefe Liebe zu diesem Menschen, der da vor mir im Bett lag und „Ja" zu Jesus sagte, eine übernatürliche, wunderschöne Liebe.

So betete ich für ihn: „Jesus, dieser Mann ist heute dein Kind geworden. Bitte kümmere du dich von heute an um ihn, sorge für ihn, nimm ihm alle Schmerzen und Ängste, heile ihn und sei bei ihm ..."

Während ich betete, mit einem Herzen voller Liebe und Freude, erschien die Herrlichkeit Gottes in dem Zimmer- es wurde extrem hell. Ein tiefer Friede breitete sich aus und die Herrlichkeit Gottes war spürbar und greifbar, so stark und intensiv und herrlich, wie ich es noch selten erlebt hatte. Ich glaube, der ganze Raum war voller Engel.

Dann spürte ich, dass Jesus neben mir am Bett stand und unsere Hände hielt.

Ich dachte: „So wunderschön wird es einmal in der Ewigkeit sein, wenn wir ganz nah bei Gott sind. Eigentlich möchte ich hier nie wieder weg, diesen Zustand möchte ich nicht mehr verlieren."

Ich weiß nicht, wie lange ich so da stand; irgendwann fiel mir ein, dass doch noch drei Menschen im Raum waren, aber hinter mir war es ganz still. Als ich mich umdrehte, sah ich, dass auch sie von der Liebe und Herrlichkeit Gottes zutiefst berührt waren – ihre Augen und die Gesichter strahlten!

Die Erste, die wieder reden konnte, war die Sozialarbeiterin: „Ich bin so froh, dass ich heute hier sein kann, ich hätte nie gedacht, dass es etwas *so* Schönes gibt!" Also fragte ich sie und auch die Ehefrau: „Möchten auch Sie Ja sagen zu diesem Gebet, möchten Sie auch Kinder Gottes werden?" Beide antworteten: „Ja, das will ich!"

Dann kam der Gefängnisseelsorger auf mich zu. Er nahm meine Hand und schüttelte sie. Er strahlte mich an und während ich in seine Augen schaute, dachte ich: Durch diese Augen sieht mich gerade Jesus an! Immer noch meine Hand schüttelnd, sagte er: „Das war ja ein Wunder Gottes, was hier geschehen ist, das war ein Wunder Gottes!" Dann stellten wir uns alle um das Bett, hielten uns an den Händen und beteten gemeinsam das Vaterunser.

Ich wollte diese Gegenwart Gottes, den Frieden und diese Herrlichkeit noch nicht gleich verlassen; so hielt ich mich noch eine Weile in dem Zimmer auf, bevor ich mich verabschiedete und ging.

# Freude und Dankbarkeit

Ich war so ergriffen von Freude und Dankbarkeit über das, was da eben passiert war, dass ich mir erst einmal im Krankenhaus einen ruhigen Ort suchte, um Jesus von ganzem Herzen für das alles zu danken.

Ich dankte ihm dafür, dass er mich darauf vorbereitet hatte, diesen Menschen den Weg zum Herzen unseres himmlischen Vaters zeigen zu dürfen, den Weg in die Ewigkeit bei Ihm.

Ich war erfüllt von großer, großer Dankbarkeit und überströmender Freude. Es war für mich wie ein Triumph über Satan, ein Sieg nach all dem Schlimmen, was passiert war. Satan gedachte es schlecht zu machen, Gott aber gedachte es wieder gut zu machen. Was für ein Triumph, dass gerade dieser Mann gerettet wurde und die Ewigkeit in Gottes herrlicher Gegenwart verbringen darf! Genau dafür ist doch Jesus am Kreuz gestorben: um die Werke der Finsternis zu zerstören und um das herrliche Reich Gottes auf diese Erde zu bringen.

Halleluja! Halleluja!! Halleluja!!! Jesus ist am Kreuz gestorben, um *jeden*, wirklich *jeden* Menschen zu retten und von seinen Sünden zu erlösen! Wir sind seine Geschöpfe, wir gehören ihm, und wenn wir Jesus angenommen haben, dann gehören wir *zu ihm*! Da ist unser rechtmäßiger Platz, unsere Bestimmung, unser Zuhause – bei Jesus und bei unserem himmlischen Vater: in seiner Gegenwart, in seinem Reich. Dort gehören wir hin, dort ist unser ewiges Zuhause. Dort werden wir sehnlich erwartet!

*Denn vorher wart ihr tot aufgrund eurer Schuld*
*und weil euer altes Ich euch bestimmt hat.*
*Doch Gott hat euch mit Christus lebendig gemacht.*
*Er hat uns alle unsere Schuld vergeben.*
*Er hat die Liste der Anklagen gegen uns gelöscht;*

*er hat die Anklageschrift genommen und vernichtet,*
*indem er sie ans Kreuz genagelt hat.*
*Auf diese Weise hat Gott die Herrscher und Mächte dieser Welt*
*(gemeint ist der Teufel und seine gefallenen Engel) entwaffnet.*
*Er hat sie öffentlich bloßgestellt,*
*indem er durch Christus am Kreuz über sie triumphiert hat.*
*Kolosserbrief 2,13–15*

Dass Jesus wirklich für jeden gestorben ist, wurde mir klar, als ich gelesen hatte, was Jesus zu dem einen Verbrecher sagte, der am Kreuz neben ihm sterben musste:

*„Ich versichere dir: Heute noch*
*wirst du mit mir im Paradies sein!"*
*Lukas 23,43*

Zuvor hatte dieser Mann Jesus gebeten:

*„Jesus, denk an mich, wenn du in dein Reich kommst."*
*Lukas 23,42*

Das war sicher auch ein Schwerverbrecher, da er am Kreuz sterben musste; aber er bat Jesus um Gnade, und Jesus schenkte sie ihm sofort: Er vergab dem Mann seine Sünden und nahm ihn bei sich auf.

Wie groß ist doch Gottes Herrlichkeit! Meine Worte reichen nicht aus, um meine Begeisterung für Jesus auszudrücken, für meine Freude und Dankbarkeit!

Dann fuhr ich nach Hause.
Zwei Wochen später starb der Mann.

Als ich es erfuhr, wusste ich: Er ist in der Ewigkeit angekommen, in Gottes herrlicher Gegenwart – wie wunderschön! Ich freue mich so für ihn! Jesus hat ihm alles vergeben, und damit ist bei unserem himmlischen Vater auch alles vergessen, ins tiefste Meer versenkt: Keiner darf die Erinnerung daran wieder hervorholen. Im Buch des Lebens stehen nur weiße, leere Seiten, keine Schuld mehr, keine Anklage, denn Jesus hat das für uns alle bezahlt.

Wir brauchen nur Jesus als Herrn anzuerkennen und zu glauben, dass er das für uns getan hat – dazu gehört, von unseren falschen Wegen umzukehren, ihn um Vergebung zu bitten, seinen Namen anzurufen und ihn als Herrn und Erlöser in unser Leben einzuladen. Eigentlich ganz einfach! Und doch fällt das vielen Menschen so schwer: unseren Stolz zu überwinden und Jesus in unserem Leben die Nummer eins sein zu lassen.

*Wo ist ein Gott wie du, der die Sünden vergibt*
*und die Missetaten seines Volkes verzeiht?*
*Der nicht für immer an seinem Zorn festhält,*
*sondern der sich freut, wenn er barmherzig sein kann?*
*Er wird sich wieder über uns erbarmen,*
*alle unsere Sünden zertreten*
*und alle unsere Verfehlungen ins tiefe Meer werfen!*
*Micha 7,18–19*

*All denen aber, die ihn aufnahmen und an seinen Namen*
*glaubten, gab er das Recht, Gottes Kinder zu werden.*
*Johannes 1,12*

*Doch wenn wir ihm unsere Sünden bekennen,*
*ist er treu und gerecht,*
*dass er uns vergibt und uns von allem Bösen reinigt.*
*1. Johannes 1,9*

Dann begegnen sich Opfer und Mörder in Gottes Gegenwart, versöhnt in der Liebe Gottes.

Ich bin sicher: Steffi freut sich genauso darüber – wie auch die himmlischen Heerscharen –, dass dieser Mensch gerettet wurde.

*... genauso ist im Himmel die Freude über einen verlorenen*
*Sünder, der zu Gott zurückkehrt.*
*Lukas 15,7*

# Friedensstifter

Steffi war ein ganz besonderer Mensch; vieles von ihr ist mir erst nach ihrem Tod bewusst geworden.

Jesus hat mich auf sehr liebevolle Weise über ihren Tod getröstet; unter anderem hat er mich beim Lesen in der Bibel immer wieder aufmerksam gemacht auf Stellen, in denen ich Steffi wiedererkannt habe. Da wusste ich genau: Ja, so war Steffi! Und immer stand etwas richtig Schönes dabei – eine Verheißung, die diesem Charakterzug zugesagt wird. Ein Beispiel:

Steffi war eine Friedensstifterin. Steffi konnte es nie ertragen, wenn jemand Streit mit jemandem hatte. Sie vermittelte so lange, bis die Parteien sich versöhnten und wieder vertrugen, und wenn sie das erreicht hatte, dann war Steffi glücklich.

Sie war so bekannt dafür, dass das sogar im Nachruf von ihrer Schule stand.

> *Gott segnet die, die sich um Frieden bemühen,*
> *denn sie werden Kinder Gottes genannt werden.*
> Matthäus 5,9

Dann wusste ich einmal mehr, dass Steffi jetzt da ist, wo es am allerschönsten ist: in Gottes Gegenwart.

Alles, was ich hier mitteile, schreibe ich zu Ehren von Jesus Christus. Er hat mich an dem Punkt tiefster Verzweiflung an die Hand genommen, um mir ein wunderschönes neues Leben zu schenken.

Was ich hier in diesem Lebenszeugnis schreibe, ist aus menschlicher Sicht, mit menschlichem Verstand sicher schwer nachzuvollziehen. Wenn man aber einmal die Liebe Gottes kennengelernt hat, dann weiß man: Das alles ist möglich und realistisch.

Deshalb betone ich wieder: Alle Ehre für das Geschehene gebührt Jesus Christus, ihm allein!

*Das sind diejenigen, die aus der großen Prüfung kommen.*
*Sie haben ihre Kleider im Blut des Lammes*
*gewaschen und weiß gemacht.*
*Deshalb stehen sie nun vor dem Thron Gottes*
*und dienen ihm Tag und Nacht in seinem Tempel.*
*Und er, der auf dem Thron sitzt, wird über ihnen wohnen.*
*Sie werden nie wieder hungern oder Durst leiden,*
*und sie werden vor der brennenden Sonne*
*und jeder Gluthitze geschützt sein.*
*Denn das Lamm, das in der Mitte auf dem Thron ist,*
*wird ihr Hirte sein und für sie sorgen.*
*Er wird sie zu den Quellen führen,*
*aus denen das Wasser des Lebens strömt.*
*Und Gott wird alle ihre Tränen abwischen.*
*Die Offenbarung 7,14–17*

# ANHANG

## Wie vergebe ich – Eine Einführung

Vergeben heißt: Jemand hat mir Böses angetan, hat mich gequält oder gedemütigt, mich misshandelt oder ungerecht behandelt, und ich beschließe,

- ihm das nicht länger nachzutragen,
- nicht länger in innerlicher Vorwurfshaltung zu bleiben
- ihn loszulassen und Gott Raum zu geben, dass er mir Recht schafft (wie man es vor Gericht auch tut: Das Urteil spricht der Richter, nicht der Kläger),
- nicht zu erwarten, dass derjenige dafür bestraft wird,
- keinen Rachegedanken mehr nachzugehen
- und die Person loszulassen, sie Gott zu überlassen.

Wichtig ist, dass wir die Vergebung *einzeln und konkret laut aussprechen*, am besten im Beisein eines Zeugen. Wir können das aber auch allein tun, nur mit Jesus zusammen: „Jesus, ich vergebe _____ (Name), dass _____ "

Anschließend *segnen* wir die Person, der wir vergeben haben, das heißt: Ich spreche Gutes aus über ihr, ich wünsche ihr etwas sehr Gutes. Das ist das hörbare Zeichen meiner Vergebung.

Jesus sagt:
*Ich aber sage: Liebt eure Feinde!*
*Betet für die, die euch verfolgen!*
*So handelt ihr wie wahre Kinder eures Vaters im Himmel.*
Matthäus 5,44–45

# Vergebung

Vergebung ist eine Entscheidung, und die kann mir niemand abnehmen – nicht einmal Jesus! Er wartet darauf, dass wir bereit sind und uns entscheiden zu vergeben, egal, was der andere uns angetan hat, egal, wie oft er das getan hat, und egal, ob er es immer wieder tut:

*Dann kam Petrus zu Jesus und fragte ihn:*
*„Herr, wie oft soll ich jemandem vergeben,*
*der mir Unrecht tut? Sieben Mal?"*
*„Nein!", antwortete Jesus, „siebzig mal sieben Mal!"*
Matthäus 18,21–22

Vergebung ist *meine* Entscheidung. Nur Vergebung führt zu innerem und körperlichem Wohlbefinden.

Von diesem Moment an bin ich nicht mehr an diese Person gebunden, ich werde frei, es kommt Friede. Ich muss nicht mehr dauernd an die Ungerechtigkeiten denken, die mir angetan wurden. Wenn ich diesen Menschen loslasse, wenn ich ihm vergebe, wird Jesus das ehren und mich heilen. Er heilt alle Wunden, die andere Menschen mir zugefügt haben. Jesus füllt mich mit seiner Liebe, mit seinem Frieden, seiner Heilung.

Durch den Frieden, der einen dann erfüllt, spürt man und erlebt ganz klar, dass sich auch die zwischenmenschlichen Beziehungen zum Guten verändern – auch, wenn man gar nicht mit dieser Person selber darüber gesprochen hat. Natürlich wäre eine Aussprache und beiderseitige Versöhnung wünschenswert; aber das ist nicht immer möglich, nicht immer ist die andere Seite einsichtig oder gesprächsbereit. Vielleicht besteht kein Kontakt mehr zu der Person, oder vielleicht ist die Person auch schon verstorben. Dann zählt allein meine *Bereitschaft* zu vergeben, dann zählt, dass ich das mit Jesus ausmache, dass ich diese Person vor ihn bringe und sie in seine Hände gebe. Dann zählt, dass ich Fürbitte tue, indem ich bete, dass auch sie zu diesem Frieden finden möge (wenn sie noch lebt), dass auch sie von Jesus errettet und geheilt wird, dass auch sie die Gnade Gottes empfängt.

In der Bibel heißt es, dass Gott vergibt und vergisst, und so sollen auch wir vergeben und vergessen.

*Und ich will ihnen ihre Sünden vergeben*
*und nicht mehr an ihre bösen Taten denken.*
*Jeremia 31,34*

# Vergessen

Damit ist kein Gedächtnisverlust gemeint. Aber es kommt vor, dass wir zwar bereit sind zu vergeben, wir sprechen das auch ernsthaft aus, aber das Vergessen will uns nicht gelingen – denn Satan, der Widersacher Gottes, will alles zerstören, was Gott geschaffen hat und was er liebt. So erinnert er uns ständig an das erlittene Unrecht, hält uns immer wieder in Gedanken diese schlimmen Bilder vor Augen, um uns zu quälen und weil wir denken sollen, wir hätten nicht richtig vergeben.

Deshalb ist es hilfreich und wichtig, diese Vergebung im Gebet auszusprechen vor einem Zeugen unseres Vertrauens; wenn dann solche quälenden Bilder und Gedanken wieder hochkommen, sollte ich sie von mir weisen mit den Worten (hörbar ausgesprochen): „Ich habe vergeben! Ich nehme diese schlechten Gedanken nicht an, sie haben kein Anrecht mehr an mir." Meist muss man das mehrmals tun, so lange, bis sie aufgeben und ganz wegbleiben. Das ist ein Kampf, und so müssen wir mit Gottes Hilfe Satan zurückweisen. Er wird nicht schnell aufgeben, sondern testet uns, ob wir nicht doch wieder auf ihn hören.

Wenn diese Gedanken wegbleiben, haben wir sie überwunden, dann haben wir darüber gesiegt.

Wenn uns das Vergessen aber schwerfällt, dann dürfen wir Jesus bitten, dass er uns die Gnade schenkt, diese schlimmen Bilder und Erinnerungen zu vergessen. Dabei ist es wichtig, konkret nur um das Vergessen dieser speziellen schlechten Situation zu bitten. Ich habe selbst mehrfach erlebt, dass mir dieses Gebet sehr geholfen hat, tatsächlich endgültig zu vergessen. Das ist Gnade – ein großartiges Geschenk, eine gewaltige Hilfe, die Gott uns auf diesem schweren Weg zuteilwerden lässt.

Dann kann man tatsächlich vergeben *und* vergessen, kann diese schlimmen Dinge hinter sich lassen. Man muss nicht länger voll Zorn und Bitterkeit ständig daran denken, man muss nicht länger in verletztem Stolz seine Wunden lecken.

So heilt Jesus uns vollständig. Dann können wir diesen Menschen mit Liebe begegnen.

> *Die Liebe ist geduldig und freundlich.*
> *Sie ist nicht neidisch oder überheblich, stolz oder anstößig.*
> *Die Liebe ist nicht selbstsüchtig. Sie lässt sich nicht reizen,*
> *und wenn man ihr Böses tut, trägt sie es nicht nach.*
> *1. Korintherbrief 13,4–5*

> *Hass bewirkt Streit, doch Liebe deckt alle Vergehen zu.*
> *Sprüche 10,12*

Ich bin bei meinen Vorträgen oft gefragt worden, ob es darauf ankommt, dass Jesus mir viele Wunder schenkt, damit es mir leichter fällt zu vergeben.

Darauf kommt es nicht an. Jesus möchte, dass ich mich auf jeden Fall zur Vergebung entscheide und es dann auch tue.

# Jesus und Vergebung

Jesus hat selber einen Lebensstil der Vergebung geführt: Er hat immer wieder über Vergebung gepredigt und er hat selber vergeben, denen, die ihn furchtbar quälten, folterten, demütigten, denen, die ihm furchtbare Schmerzen und Ungerechtigkeit antaten, denen, die ihn ans Kreuz nagelten, wo er einen äußerst qualvollen Tod starb – denen hat er vergeben. Und er hat für sie Fürbitte getan:

*„Vater, vergib ihnen, denn sie wissen nicht, was sie tun."*
*Lukas 23, 34*

Auch dem Verbrecher, der neben ihm am Kreuz sterben musste, hat Jesus vergeben und ihm gesagt:

*„Ich versichere dir:*
*Heute noch wirst du mit mir im Paradies sein."*
*Lukas 23,43*

Das zeigt mir, dass Jesus jedem alles vergibt, wenn man sich nur vertrauensvoll an ihn wendet.

# Warum ist Vergebung so wichtig?

Die Bibel sagt:

> *Keiner ist gerecht (ohne Sünde), nicht ein einziger.*
> *Keiner fragt nach Gott.*
> *Römerbrief 3,10*

Durch diesen äußerst qualvollen Tod am Kreuz hat Jesus mir, Ursula, und dir, lieber Leser, alle Schuld vergeben. Alles, was ich Böses getan habe, wo ich bewusst oder unbewusst gegen Gott gesündigt habe, Ihm nicht die Ehre gegeben habe, wo ich gegen andere Menschen schlecht gehandelt oder schlecht über sie gedacht habe – ganz gleich, wie schlimm das war, alles hat er mir vergeben.

> *Darin seid auch ihr eingeschlossen,*
> *obwohl ihr früher so weit von Gott entfernt wart.*
> *Ihr wart seine Feinde,*
> *und eure bösen Gedanken und Taten trennten euch von ihm,*
> *doch nun hat er euch wieder zu seinen Freunden gemacht.*
> *Durch seinen Tod am Kreuz in menschlicher Gestalt*
> *hat er euch mit sich versöhnt,*
> *um euch wieder in die Gegenwart Gottes zurückzuholen*
> *und euch heilig und makellos vor sich hinzustellen.*
> *Kolosserbrief 1,21–22*

Wer bin ich, dass ich meinem Nächsten nicht vergeben will, nachdem Gott mir alles erlassen und mich von meiner Schuld erlöst hat in dem Augenblick, in dem ich ihn darum bat, mir zu vergeben? Wer bin ich, dass ich meinem Nächsten nicht vergeben will?

*Seid stattdessen freundlich und mitfühlend zueinander*
*und vergebt euch gegenseitig,*
*wie auch Gott euch durch Christus vergeben hat.*
*Epheserbrief 4,32*

Deshalb lebe ich heute einen *Lebensstil der Vergebung*, denn ich will nicht, dass zwischen Gott und mir irgendetwas steht, was mich hindert, ganz nah bei ihm zu sein – weil der Friede, den Gott mir durch die Vergebung gibt, wichtiger ist und viel wohltuender als Zorn, Hass und Streit und weil ich gelernt habe, dass es gut ist, wenn ich vergebe: gut für mich und gut für meine Beziehungen.

Diese Verse haben mir besonders stark geholfen, zu vergeben. Zunächst war es mir noch zu schwer, Steffis Mörder richtig zu vergeben, aus ganzem Herzen – deshalb habe ich ihm am Anfang rein aus Gehorsam und Liebe zu Jesus vergeben, indem ich das im Gebet im Beisein einer Freundin ausgesprochen habe. Das war ein erster Schritt. Jesus ließ mir Zeit, er führte mich durch die Bibel, so konnte ich mich weiter an die Gnade der Vergebung herantasten, bis ich bereit war, dem Mann vollkommen zu vergeben. Aus ganzem Herzen.

So hat Jesus mich geheilt und mich mit meiner Vergangenheit versöhnt.

# Vergib!

Auch dir, lieber Leser, lässt Jesus Zeit, diese sehr wichtige Entscheidung zu treffen. Aber fang nicht an zu beten: „Jesus, du musst das machen, dass ich richtig vergeben kann." Er *hat* schon alles für dich getan, was dazu notwendig ist.

Jetzt bist *du* gefragt. Es ist *deine* Entscheidung: „Vergib, weil auch ich dir vergeben habe", sagt Jesus. Du hast Zeit für diesen Prozess; aber ich warne dich: Schiebe die Entscheidung nicht auf die „lange Bank" (die ist bekanntlich des Teufels liebstes Möbelstück), es kann auch schnell mal zu spät sein. Wenn du in der Ewigkeit vor deinem Gott stehst, wird er dich danach fragen, wie du mit Vergebung umgegangen bist:

*… und vergib uns unsere Schuld,*
*wie auch wir denen vergeben haben,*
*die an uns schuldig geworden sind.*
*Matthäus 6,12*

*Wenn ihr denen vergebt, die euch Böses angetan haben,*
*wird euer himmlischer Vater euch auch vergeben.*
*Wenn ihr euch aber weigert, anderen zu vergeben,*
*wird euer Vater euch auch nicht vergeben.*
*Matthäus 6,14–15*

Entscheide dich. Lege allen Stolz und alle Verletzungen am Kreuz ab und vergib – bald.

# Wie lade ich Jesus Christus in mein Leben ein?

Jesus in dein Leben einladen, das kannst du, indem du dieses Gebet sprichst (abliest), hörbar und aus ganzem Herzen mit voller Überzeugung. Dann wirst du ein Kind Gottes.

*Herr Jesus Christus!*
*Ich komme jetzt zu Dir und ich weiß, dass ich ein Sünder bin. Ich weiß aber auch, dass Du für meine Sünden gestorben bist am Kreuz von Golgatha. Bitte vergib mir jetzt alle meine Schuld, und vergib mir auch, dass ich so lange ohne Dich gelebt habe.*

*Aber jetzt lade ich Dich ein: Komm Du in mein Herz, komm Du in mein Leben, und sei Du von heute an der Herr in meinem Leben. Ich öffne Dir die Tür meines Herzens, vor der Du schon lange gestanden bist und auf mich gewartet hast; und so werde ich heute zu Deinem Kind, zum Sohn, zur Tochter unseres himmlischen Vaters. Ich darf in die Arme unseres himmlischen Vaters laufen und zu ihm sagen: „Abba, liebster Vater!"*

*Und ich lade auch Dich ein, Heiliger Geist: Komm Du jetzt in mein Leben mit der Liebe, der Kraft, der Gegenwart und dem Frieden Gottes, und hilf mir von heute an, wenn ich bete, im Willen Gottes zu beten, und wenn ich in der Bibel lese, das Wort Gottes zu verstehen, und auch sonst zu verstehen, was Du, Gott, zu mir sagen möchtest. Ich danke Dir dafür.*

*Amen.*

Wenn du heute dieses Gebet zum ersten Mal gebetet hast, dann heiße ich dich herzlich willkommen in der großen und wunderbaren Familie Gottes.

Dies ist dein zweiter Geburtstag, der Tag, an dem du geistlich neu geboren bist.

*Jesus erwiderte: „Ich versichere dir:*
*Wenn jemand nicht von neuem geboren wird,*
*kann er das Reich Gottes nicht sehen. ...*
*Ich sage dir: Niemand kommt in das Reich Gottes,*
*der nicht aus Wasser und Geist geboren wird.*
*Menschen können nur menschliches Leben hervorbringen,*
*der Heilige Geist jedoch schenkt neues Leben von Gott her.*
*Darum wundere dich nicht, wenn ich sage,*
*dass ihr von neuem geboren werden müsst."*
Johannes 3,3–7

Mach es doch wie Steffi und schreibe dir dieses „Geburtsdatum" in eine Bibel, zur Erinnerung. Ich möchte dir auch gerne raten, dir eine lebendige Gemeinde von Christen zu suchen, die dich auf deinem Glaubensweg begleitet, fördert und unterstützt und in der du dich wohlfühlen kannst.

Vielleicht hast du das Gebet schon einmal gebetet und die Stimmen dieser Welt haben dich wieder von Gott weggezogen, du hast dich von ihm entfernt; dann möchte ich dich ermutigen, dieses Gebet erneut zu beten. Wie auf den „verlorenen Sohn" wartet Gott auch auf dich, du kannst dich ihm jederzeit wieder zuwenden, er wird dich in seine Arme schließen und dich annehmen.

# NACHWORT

## Erfahrungsbericht von Priscilla Otteny

Vor einigen Jahren hörte ich in der Schule einen Vortrag von Ursula Link. Ihre Geschichte berührte mich sehr und prägte meine Sicht auf das Thema „Vergebung" intensiv – bis heute. Ich war damals auf einer christlichen Schule; dort wurden regelmäßig Gäste eingeladen, um in der Andachtszeit einen Vortrag zu halten. Ich hatte keine Ahnung, wer diese Ursula Link ist, auch meine Mitschüler hatten nie von ihr gehört; aber als Ursula ihre Geschichte erzählte, hingen wir ihr alle an den Lippen.

Es war sehr bewegend, einer Person gegenüberzusitzen, die solchen Schmerz erfahren hat und nun so offen darüber berichtet. Die eigene Tochter auf so brutale Art und Weise zu verlieren, das muss grausam sein!

Für mich war es nachvollziehbar, dass man jemandem etwas nicht vergeben kann und will – und dann ein so schlimmes Verbrechen! Doch wie oft passieren auch kleinere Dinge, die uns innerlich so verletzen, dass es uns gefühlsmäßig kaum möglich scheint, sich mit dieser Person auszusöhnen und ihr zu vergeben. Mir war es oft so gegangen nach Streitigkeiten mit Freunden oder wenn ich mich ungerecht behandelt fühlte: ich konnte mir emotional nicht vorstellen, dieser Person zu vergeben, bzw. wollte es nicht. Ursulas Vortrag zeigte mir jedoch: Wenn es *ihr* möglich ist, eine *solche* Tat zu vergeben, dann ist bei kleineren Sachen Vergebung doch erst recht möglich. Wie bei Ursula kommt es dabei zunächst nicht auf die Gefühle an; Vergebung beginnt mit einer Entscheidung. Vergebung geschieht nicht immer auf einen Schlag; es kann ein Prozess sein, der seine Zeit braucht, bis man auch gefühlsmäßig loslassen kann.

Ursula hat sich auf diesen Prozess eingelassen und kam dabei so weit, dass sie dem Mörder ihrer Tochter gegenübertreten und ihm Vergebung zusprechen konnte. Dadurch ist unfassbarer Segen entstanden, in dem Leben von Ursula, dem Leben des Mörders und sogar für die, die diese Begegnung miterlebten.

Der Segen reicht aber noch weiter. Er reicht bis zu den vielen Menschen, die bei den Vorträgen waren und Ursulas Geschichte gehört haben – und damit auch zu mir.

Das Wichtigste bei alledem ist, dass Gott immer an ihrer Seite war. Er hat in ihrem Leben so viele Wunder getan, so vieles überhaupt erst möglich gemacht. Wir haben einfach einen wundervollen, großen Gott!

# Erfahrungsbericht von Andrea S.

Durch das Zeugnis von Ursula Link hat Jesus Christus auch in mein Leben überwältigend eingegriffen.

Seit Jahren war ich auf der Suche gewesen nach wahrem Leben, bedingungsloser Liebe und einem Sinn für mein Dasein; in einer schweren Lebenskrise machten ein Kollege aus der Jugendzeit meines Mannes und dessen Frau mich aufmerksam auf Jesus als den Retter und Erlöser.

Gott oder Jesus waren mir bis dahin gleichgültig gewesen. Was ich als Kind im Religionsunterricht sowie bei der obligatorischen Erstkommunion und Firmung hörte, hatte mir nichts zu sagen gehabt – für mich, mein Leben und meinen Alltag war es belanglos geblieben. Ich kannte auch niemanden, der mir je von der Frohen Botschaft von Jesus Christus gesagt und selbst eine lebendige persönliche Beziehung zu ihm gehabt hätte; diese beiden Christen waren die Einzigen, die mir in meiner Situation Hoffnung und Antwort geben konnten: Sie hatten irgendetwas, was ich nicht kannte und nicht hatte.

Sie verwiesen mich an die landeskirchliche Gemeinschaft in unserem Wohnort; in den Predigten dort sowie durch viele christliche Bücher und Biografien erfuhr ich mehr und mehr über Jesus und das, was er für die Menschheit getan hat und noch tut für jeden, der sich ihm übergibt. Doch die innere Leere war immer noch da, trotz Familie und materiellem Wohlstand – bis zu diesem besonderen Tag, dem 14. Oktober 2015.

Diesen Tag werde ich nie vergessen! Wieder mal suchte ich auf YouTube nach einem Erfahrungsbericht von jemandem, der Jesus Christus persönlich erlebt hat, und „zufällig" landete ich bei dem Interview mit einer Frau, die davon erzählte, wie Jesus ihr half, dem Mörder ihrer Tochter zu vergeben. Ich bin selbst Mutter von vier Kindern und es ist nicht schwer sich vorzustellen, dass ich wie gebannt zuhörte! Ich schaute in das Gesicht dieser Frau und dachte bei mir: Sie strahlt so einen Frieden aus – den habe ich nicht, aber ich will ihn auch haben!

In diesem Moment überkam mich eine unfassbare Gewissheit und Klarheit, dass dieser Jesus lebt und dass er mich bedingungslos liebt und angenommen hat. Meine ganze Lebenslast, Schuld und innere Leere war mit einem Schlag weg! Vor Freude musste ich weinen und ich begriff, dass ich in diesem Augenblick durch die unverdiente Gnade von Jesus Christus von Neuem geboren worden war.

Erstaunt schlug ich meine Bibel auf und wusste: Jesus ist der Weg, die Wahrheit und das Leben, und ich bin jetzt ein Kind Gottes geworden und habe ewiges Leben.

Dieses Wunder geschah durch das Zeugnis von Ursula Link – und ich bin zutiefst dankbar dafür. Seitdem ist Jesus Christus mein Ein und Alles und mein Herzenswunsch ist, dass noch viele Menschen diesen wunderbaren Retter und Erlöser kennenlernen.

Durch die Not mit mir wandte sich auch mein Mann an Jesus Christus und kam in eine lebendige, persönliche Beziehung zu ihm. So sind wir heute gemeinsam mit Jesus unterwegs; in unserer Gemeinde bringen wir

Jugendlichen die Liebe Jesu nahe und laden sie zum Glauben ein.

Anfang 2020 kam in mir der Wunsch auf, Ursula von Herzen Danke zu sagen und ihr zu erzählen, was ihr Zeugnis durch Gottes Wirken ausgelöst hat. So suchte ich den Kontakt zu Andreas Lange von „Wunder heute", der sie interviewt hatte, und bat um Ursulas E-Mail-Adresse – aber von ihr kam keine Antwort. Nach ein paar Versuchen gab ich es auf.

Es wurde Herbst. Ende November 2020 stieß ich in meinen Handydaten „zufällig" wieder auf den Namen Ursula Link. Wie ein Blitz kam mir der Gedanke, meine kurze Geschichte einfach nochmals zu senden – und zu meiner größten Überraschung kam von ihr umgehend eine überwältigende Rückmeldung! Sie teilte mir mit, sie schreibe schon seit Längerem an einem Manuskript; meine Geschichte habe sie bestärkt in der Überzeugung, dass das Buch auf den Weg gebracht werden sollte; aber das Lektorat koste Geld und das habe sie nicht. Erst kürzlich habe sie das Angebot eines Verlages abgelehnt, der hätte aus ihrer Lebensgeschichte eine Sensationsstory machen wollen und das komme für sie nicht in Frage.

Ich sprach mit meinem Mann darüber; wir hatten schon lange immer wieder im Gebet gefragt, wie wir die Ausbreitung der Frohen Botschaft von Jesus Christus wirksam unterstützen könnten – was, wenn wir für Ursulas Buch die Lektoratskosten übernähmen? Uns beiden war sofort klar: Das war eine erstaunliche Gebetserhörung! Wir sind froh und dankbar, dass wir mithelfen dürfen, dass noch mehr Menschen von Jesus Christus erfahren können. Ihm gebührt die Ehre!